Thomas Hestermann

Verbrechensopfer –
Leben nach der Tat

Rowohlt

Originalausgabe
Veröffentlicht im Rowohlt Taschenbuch Verlag GmbH,
Reinbek bei Hamburg, April 1997
Copyright © 1997 by Rowohlt Taschenbuch Verlag GmbH,
Reinbek bei Hamburg
Alle Rechte vorbehalten
Umschlaggestaltung Ingrid Albrecht
(Foto: TCL-Bavaria)
Satz: Garamond (Linotronic 500)
Gesamtherstellung Clausen & Bosse, Leck
Printed in Germany
1690-ISBN 3 499 60198 2

Inhaltsverzeichnis

Vorwort 8

Verbrechensopfer und ihr Trauma

«Ich lebe»
 Die Geschichte von Matthias Lübke, der niedergeschossen wurde und schwerverletzt überlebte 13

Seelenriß
 Verbrechensopfer und ihr Trauma 24

Warum man den Betroffenen nicht zuhören will

Der Duft von Gras
 Die Geschichte von Sigrid Nentwich, die Geisel der
 Berliner Tunnelräuber war 43

«Opfer bedrohen uns»
 Verbrechensopfer stoßen auf Unverständnis 57

Wenn die eigene Wohnung zur Falle wird

Gefangen im Schweigen
Die Geschichte von Gisela Schäfer und ihrer
unaussprechlichen Furcht 69

Nicht mehr zu Hause
Wohnungseinbrüche und der Verlust
von Sicherheit 83

Finanzielle Folgen

Unter Strom
Die Geschichte von Straßenbahnkontrolleur Bernd Neumann,
der nach einer Schlägerei nicht mehr arbeiten konnte 97

Inventur des Schreckens
Gewaltopfer und ihr Anspruch auf staatliche Entschädigung 108

Vor Gericht

Der Zeuge
Die Geschichte von Marco, Zeuge 121

Die Einsamkeit des Opfers
Viele erleben das Gerichtsverfahren als erneute Demütigung 130

Auswege

Ahnungen
Die Geschichte von Monika Wulf, die ihre Angst überwand 141

Raum für den Schmerz
Wo die Betroffenen Rat und Unterstützung finden 153

Begegnung mit dem Täter

Davongekommen
Die Geschichte von Susanne Selin, die überfallen wurde und dem Täter später wieder begegnete 167

Versöhnung zwischen Täter und Opfer
Wie Vermittler beide Seiten an einen Tisch bringen 179

Serviceteil
16 Fragen und Antworten 191
Rechtsratgeber 198
Adressen 209
Dank 222

Vorwort

Ein Coup erheiterte die Republik – im Sommer 1995 hatten sich Räuber stundenlang in einer Berliner Bank verschanzt. Als die Polizei das Gebäude stürmte, waren die Männer durch einen zuvor gegrabenen Tunnel in die Kanalisation entflohen. Selbst der Polizeipräsident zollte den Ganoven Respekt, die Boulevardpresse nannte sie «Superhirne». Zwar hatten sie sechzehn Angestellte und Kunden der Bank mit Maschinenpistolen und Handgranaten in Schach gehalten und ihre Geiseln in Todesangst versetzt. Doch das lieferte nicht den Stoff für die Schlagzeilen.

Über die Opfer von Verbrechen ist ein Bann des Schweigens verhängt. Sie bleiben meist ohne Namen und Gesicht, Phantome der inneren Unsicherheit.

Mehr als 180 000 Menschen werden in Deutschland jährlich zu Leidtragenden von Gewaltverbrechen, werden geschlagen, mißhandelt, gedemütigt. Manche leiden ein Leben lang unter den Folgen. Warum war darüber bislang so wenig zu erfahren?

Opfer machen angst. Sie führen vor Augen, daß wir von einem Moment auf den anderen alles verlieren können, was uns lieb ist, daß die Gewißheit, das Leben im Griff zu haben, an einem seidenen Faden hängt und daß es jeden treffen kann. Deshalb bekommen die Betroffenen Fragen zu hören wie: Warum warst du überhaupt so spät abends auf der Straße? Warum warst du nicht mißtrauischer? Warum hast du dich nicht besser geschützt? Mit jedem Vorwurf an die Opfer beruhigen die Außenstehenden sich selbst, sie seien klüger und darum unverwundbar. Häufig berichten die Leidtragenden, daß sie die Reaktionen ihrer Umwelt als verletzender erlebt haben als die eigentliche Tat.

Als ich damit begann, Betroffene zu interviewen, erlebte ich eine Überraschung. Ich nahm an, sie würden vor allem ihre Furcht und ihre Wut auf den Täter schildern. Doch die Gewalt wirkt weitaus komplizierter. In diesem Buch werden sieben Geschichten von Menschen erzählt, an denen deutlich wird, auf welch vielfältige Weise die Erfahrung von Gewalt das Leben verändert.

Da ist die Geschichte von Matthias Lübke, der ein Hansdampf in allen Gassen war. Er wurde als Dreiundzwanzigjähriger angeschossen, überlebte schwerverletzt und arbeitsunfähig. Dennoch versuchte er, den Anschein von Normalität zu bewahren, bis er sich seinen Freunden, seiner Familie und sich selber entfremdete. Heute fühlt er sich wie ein Schatten desjenigen, der er früher war.

Sigrid Nentwich, eine der Geiseln der Berliner Tunnelräuber, war viele Monate danach von Furcht gezeichnet. Doch seit dieser Grenzerfahrung lebt sie bewußter. Heute sagt sie, «ich brauche viel weniger, um glücklich zu sein».

Die Geschichte von Susanne Selin, die von einem ihr wildfremden Mann überfallen wurde und sich später mit dem Täter zu einem Gespräch traf, macht deutlich: Mit der Hilfe von außen kann in manchen Fällen sogar eine Versöhnung zwischen Straftätern und Geschädigten gelingen.

Die Suche nach Experten und Hintergrundinformationen verlief überaus mühsam. Neben der bundesweiten Opferhilfsorganisation «Weißer Ring» gibt es nur wenige regionale Einrichtungen, die Verbrechensopfer beraten und unterstützen. Vereinzelt und unkoordiniert wird an Universitäten zum Trauma von Verbrechensopfern geforscht. Manche der befragten Experten erfuhren erst durch meine Recherchen, daß andernorts bereits ähnliche Studien liefen. Ein ähnliches Bild auch in der Justiz:

Eine einzige Staatsanwaltschaft und wenige Gerichte haben Räume eingerichtet, in denen die Betroffenen während der Gerichtsverhandlungen betreut werden. Manche dieser Einrichtungen waren nicht einmal den zuständigen Ministerien bekannt.

Diese Zersplitterung hat die Recherchen für dieses Buch bestimmt, und sie spiegelt wider, wie wenig das Leid der verletzten Menschen – allen Sonntagsreden zum Trotz – gesellschaftlich wahrgenommen wird. In den letzten Jahren ist viel diskutiert worden über sexuelle Gewalt gegen Frauen und Kinder. Die Betroffenen der übrigen Gewaltverbrechen stehen nach wie vor im Schatten – darum konzentriert sich dieses Buch darauf, wie sich ihr Leben nach der Tat verändert hat. Überdies wird gezeigt, daß die seelischen Folgen von scheinbar gewaltlosen Delikten wie Wohnungseinbrüchen bislang unterschätzt wurden.

Mehrere meiner Gesprächspartner waren nach den mehrstündigen Interviews, in denen sie über ihre Vorgeschichte, die Tat und die Folgen berichteten, schweißgebadet und aufgewühlt. Dennoch sagten sie, es sei gut gewesen, darüber zu sprechen und ihre Erfahrungen zu teilen. Sie erzählten Geschichten von Ratlosigkeit und Einsamkeit – und auch von Aufbruch und neuer Hoffnung.

Menschen, die Opfer eines Gewaltverbrechens wurden, sind nicht mehr die, die sie einmal waren – mit aller Schwere, aber auch mit allen Chancen, die dieser Umstand bedeutet.

Verbrechensopfer
und ihr Trauma

«Ich lebe»

Die Geschichte von Matthias Lübke, der niedergeschossen wurde und schwerverletzt überlebte

Am Abend des 12. Mai 1988 besucht der damals dreiundzwanzigjährige Matthias Lübke seine Schwester Patricia, die im Braunschweiger Westen in der Kreuzstraße wohnt, einer grauen Arbeiterstraße, die von dem Gleis einer Werksbahn durchschnitten ist. An warmen Tagen legen Rentner ein Kissen auf die Fensterbank und machen die Straße zu ihrem Schauspiel. Am Kiosk an der Ecke ist das Bier billig, und Neuigkeiten gibt es umsonst. Lübke kocht für seine Schwester und zwei Freunde Schweinebraten mit Salzkartoffeln und grünen Bohnen. Die jungen Männer spielen die halbe Nacht Skat, bis sie morgens um halb zwei Gegröle hören. Sie wollen sehen, was draußen los ist, und löschen das Licht. Aus dem geöffneten Fenster beobachten sie, wie drei angetrunkene Gestalten die Straße hinunterwanken. Dicht neben Lübkes Auto, einem tiefblauen BMW, bleiben sie stehen. Ein jüngerer Mann streitet mit seiner Freundin und seinem Vater. Lübke ist gereizt von der nächtlichen Ruhestörung und fürchtet Kratzer auf seinem Wagen. Von oben stachelt er den Vater an: «Nun hau ihm doch eine!»

Nach einer Weile verschwinden die drei Betrunkenen hinter einem Lieferwagen, dann tritt der Jüngere aus dem Dunkel hervor, breitbeinig, beide Arme gestreckt, in den Händen einen Revolver «Röhm RG 24». Er feuert. Lübkes Freunde vermuten eine

Schreckschußpistole, und Lübke amüsiert sich noch: «Was für eine Knallerbse hast du denn?» Der Mann auf der Straße feuert ein zweites Mal. Putz rieselt von der Wand. Erst jetzt begreifen die am Fenster, daß es dem Schützen tödlich ernst ist. Lübkes Schwester und Freunde werfen sich nieder. Lübke, damals zwei Zentner schwer, zögert. Er will sich nicht mit seinem ganzen Gewicht auf die anderen fallen lassen. Da trifft ihn der dritte Schuß und reißt ihn nach hinten. Lübke schlägt die Hände vors Gesicht. Es raubt ihm den Atem. Ein Blutschwall platscht auf den braunen Wohnzimmerteppich. «Mensch, jetzt versauste denen noch das ganze Wohnzimmer», denkt Lübke und stolpert in den Flur, «da ist Linoleum. Da kriegen sie es leichter wieder ab.»

Es gleitet zu Boden und versucht, ruhig zu bleiben. Die Zeit verschwimmt. Minuten müssen verstrichen sein. Die Rettungssanitäter sind wohl schon eingetroffen, denn jemand scheint ihm ein Kissen unter den Kopf geschoben zu haben. Tatsächlich ist sein Schädel von inneren Blutungen angeschwollen. Die ersten Retter in der Wohnung, zwei Zivildienstleistende, sehen sich überfordert und alarmieren den Notarzt. Endlich wird Lübke auf einer Trage durch das enge Treppenhaus hinausgetragen. Alles schwankt, wie ein Orkan ein Boot über das Meer treibt. Sein Leben läuft wie im Zeitraffer vor ihm ab. Dann reißt der Film.

Als Hannelore Lübke in dieser Nacht telefonisch vom Unglück ihres Sohnes erfährt, ist ihr erster Gedanke, «dieser Pechvogel, was hat er bloß angestellt?» Von ihrem Sohn ist sie Hiobsbotschaften gewöhnt. Doch gegenüber früheren Prügeleien am Fußballplatz oder dem Betriebsunfall, als Matthias Lübke sich den rechten Daumen durchtrennte, sprengt die Nachricht dieser Nacht jede Vorstellung.

Hannelore Lübke wohnt im nahen Dorf Bevenrode, dort ist Matthias aufgewachsen. Ihren Mann läßt sie schlafen und bittet eine junge Frau, sie nach Braunschweig zu fahren. Vor dem Haus in der Kreuzstraße, in dem ihre Tochter lebt, ist weißrotes Flatterband gespannt. Die Blutlache auf dem Wohnungsflur habe sie vorsichtig zu umschreiten, weist man Frau Lübke an, «das braucht alles die Kripo». Die Maßnahmen der Polizei machen die Mutter zur Statistin eines Kriminalfalls.

Im Wohnzimmer setzt sie sich an den Tisch, auf dem noch die Gläser stehen, aus denen die Runde getrunken hat. Neben dem Fenster liegt ein Computer, den Lübke beim Fallen umgestürzt hat. Die Mutter erfährt, was geschehen ist und daß man den Täter bereits gefaßt hat. Sie wird nervös, weil unten auf der Straße die junge Frau aus dem Dorf wartet. Wieder zu Hause, kocht Frau Lübke einen Kaffee und weckt ihren Mann. Dem teilt sie das Drama im Telegrammstil mit – Matthias angeschossen, hat aber überlebt. Es bleibt keine Zeit, das Entsetzen auszubreiten oder einander zu trösten. Ab vier Uhr morgens erntet Frau Lübke auf einem Acker bei Bevenrode Spargel, auch an diesem Tag. Die Arbeit geht ihr schnell von der Hand. Wo die Erde Risse zeigt und der Spargel heraufdrängt, sticht sie hinein. Hannelore Lübke geht ihren Weg in den Ackerfurchen. Die gleichförmige Arbeit beruhigt sie, und sie überläßt sich ihren Gedanken.

Die Familie hat gerade Besuch, ein Onkel ihres Mannes mit seiner Frau aus Dresden. Vor den DDR-Gästen ist es Frau Lübke peinlich, «daß die jetzt alles mitkriegen, was hier im Westen los ist». In dem Moment beschließt sie, den Schuß auf ihren Sohn als Unfall zu nehmen. Um nicht dem Unfaßbaren ausgeliefert zu sein, will sie es geahnt haben. Derart eingebettet, verliert das Ereignis an Wucht. Matthias sei benachteiligt gewesen von Anfang an. Zwei Wochen zu früh geboren, mußte er gleich in den Brutkasten. «Er war die ersten Tage gar nicht zu Hause», erinnert sich die Mutter, als sei ihr Sohn noch 23 Jahre später von diesem Versäumnis gezeichnet. «Als ich ihn dann wiederhatte, habe ich immer gesagt, diesen Jungen kriege ich nicht groß. Der sah aus wie ein abgezogenes Kaninchen, nur Haut und Knochen.»

Hannelore Lübke hat sieben Kinder aufgezogen, «und jedes Kind hat sein eigenes Schicksal». Mit zwei Jahren geriet einer ihrer Söhne mit der rechten Hand in eine Bügelmaschine. «Da kann ich auch keinem die Schuld geben.» Der Gedanke an ein Schicksal hat für sie etwas Versöhnliches. In ihrem Gefühl von Machtlosigkeit gibt er der Katastrophe einen Sinn.

Der kleine Matthias, den sie wegen seines zerzausten Haares Struppi nennen, ist in seinen ersten Lebensjahren schwächer als die Gleichaltrigen. Wenn er verprügelt worden ist, steckt ihm die Mutter eine Extrascheibe Wurst zu, «damit du wächst und dich wehren lernst». Mit 14 streckt sich der Junge und wird breiter. Auf seiner rotlackierten Herkules jagt er durch das 800-Seelen-Nest Bevenrode und über die Felder. Der abgesägte Auspuff knattert ohrenbetäubend laut. Lübkes Jugendclique füllt die trägen Nachmittage, indem sie ein 30-Liter-Faß Pils zur Bushaltestelle nahe der Kirche rollt und bierselig die Nachbarn anbrüllt. Die Jungen schmeißen Mülltonnen um und hängen, angestiftet von Lübke, zu Pflingsten alle Gartentore aus und werfen sie auf den Platz vor der Kirche. Seitdem heißt es im Dorf, wenn etwas kaputt ist oder fehlt, der Lübke war's.

Matthias Lübke schmeißt die Hauptschule während der neunten Klasse. Er beginnt eine Ausbildung als Koch und bricht sie wieder ab. Eine Lehre als Buchbinder gibt er zwei Monate vor der Gesellenprüfung auf. Die mißmutigen Kommentare des Altgesellen mag er nicht mehr hören. Lübke sucht das Leben auf der Überholspur, und ein Nebenerwerb, den ihm ein Bekannter verschafft hat, verspricht schnelleres Geld. Er überführt Luxusautos von Berlin nach Braunschweig.

Mit den Nobelgefährten fährt Lübke durchs Dorf und läßt beim Starten die Reifen durchdrehen, bis sie schmauchen. Sollen die Dorfbewohner doch glauben, die Wagen gehörten ihm. Manche raunen bereits, zu solch offensichtlichem Reichtum könne einer nur mit windigen Geschäften gelangen. Mit seinen Freunden bricht Lübke zu abendlichen Spritztouren nach Hamburg auf, «Hitze machen». Aus den Boxen dröhnen Rockballaden von Marius Müller-Westernhagen: «Ja, ich lebe, und ich lebe immer mehr. Bitte, sei doch nicht gekränkt, daß ich mir nicht mein Hirn verrenk, was nun morgen wird aus uns. Komm, laß uns leben.»

Dann erhält Matthias Lübke eine neue Chance, einen Gesellenbrief zu erwerben. Er wird als Buchbinderlehrling im dritten Ausbildungsjahr eingestellt. Um sich und den anderen zu beweisen, daß ihn der triste Arbeitsalltag nicht so schnell einholt, übernimmt er zur gleichen Zeit in der nahen Ortschaft Meine den Imbiß Grill-Stop. In der umgebauten Tankstelle an der Bundesstraße 4 machen die Lastwagenfahrer auf der Route zwischen Harz und Hamburg halt, trinken Kaffee und essen Bauernfrühstück oder Pommes rotweiß. Lübke beschäftigt ein halbes Dutzend Hausfrauen mit Teilzeitverträgen. Bei einem Automatenhersteller und der Brauerei, die ihn beliefert, hat er 240000 Mark Kredit aufgenommen. Jetzt ist er Chef und Lehrling zugleich.

Von morgens sechs Uhr bis mittags um zwei steht Matthias Lübke an den Buchbindemaschinen, dann stellt er sich im Grill-Stop an den Herd, fährt zwischendurch nach Hause, überprüft abends die Kasse. Er zieht mit seiner vier Jahre jüngeren Freundin Sylvia zusammen, seiner ersten großen Liebe. Mit Freunden gründet er die Garagenband «Forester» und drischt zu schnellen und lauten Rhythmen aufs Schlagzeug. Lübke führt ein atemloses Leben und sieht sich als Gewinner. Wie ein rasend schnell rotierender Kreisel, der an eine Wand prallt und dessen Bewegung jäh bricht, enden diese Tage. Eine Schattengestalt hat innerhalb von Sekunden sein altes Leben gekappt. Daß er nicht mehr der ist, der er war, kann Matthias Lübke bis heute nicht fassen.

Nach kurzer Bewußtlosigkeit findet sich der Schwerverletzte in einem schneeweißen Saal wieder und sieht auf einem Monitor eine grün flackernde Kurve. Da begreift er, daß es sein Herz ist, das noch schlägt. Er erfährt, daß eine angefeilte Patrone, ein Dumdumgeschoß, in seinen Kopf eingedrungen ist. Das Projektil hat den Oberkiefer zerschlagen und die rechte Hauptschlagader zerfetzt. Zwischen Schädelbasis und Nervenzentrum ist die Kugel in 21 Partikel zersplittert. Als seine Schwester Patricia ihn das erste Mal im Krankenhaus besucht, wird sie totenblaß. Da reißt sich Lübke die Elektroden vom Körper und wankt zum Spiegel. Einen Kopf sieht er, riesig wie eine Glocke, die grün und blau angelaufen ist. Er betastet dieses fremde Gesicht. Die Tür fliegt auf, zwei Pfleger stürzen herein. Das Verstummen der Elektrodensignale hat in der Stationswache den Alarm für Herzstillstand ausgelöst.

Lübke ist im Krankenhaus selten allein. Solange Besuchszeit ist, tauchen die Geschwister, Freunde und Bekannte auf. Außerhalb der Besuchszeiten telefoniert er viel, auch wenn ihm das Sprechen schwerfällt. Mit dem Loch im Hals, das von einem Luftröhrenschnitt zurückgeblieben ist, kann er vorerst nur tonlos wispern. Bekannte, die ihn lange nicht mehr gesehen haben, kommen vorbei. Sein Arbeitgeber schickt Blumen. Rechtsanwälte machen Offerten, Lübke im Gerichtsverfahren als Nebenkläger zu vertreten. Das Opfer wird umschwärmt.

Nur die Eltern bleiben dem Krankenhaus fern. Matthias Lübke wünscht es so, «die hätten sich nur unnötig aufgeregt». Den Eltern kommt dies entgegen. In der Familie gibt es über die Tat kein Gespräch. Den wortkargen Vater beruhigt, daß sein Sohn «praktisch keine Schuld hat». Trauer mag er sich nicht gestatten. «Man ist geschockt», sagt er, «und das muß man überwinden.» Einen Anflug von Wut räumt er wie einen Makel ein. Denn Wut scheint ihm sinnlos, man könne doch nichts tun. Keine Straftat sei rückgängig zu machen. Was nicht zu reparieren ist, will der Vater vergangen sein lassen.

Im Dorf haben Einzelheiten längst ihre Runde gemacht. Häufig wird Frau Lübke angesprochen. Ihr sind diese Gespräche lästig. «Die Leute waren aufdringlich.» Manche der Fragen haben einen Unterton: Ihr Sohn, der Hallodri mit den großen Wagen, könnte das Verhängnis selbst heraufbeschworen haben. Den Lübkes wird es eng im Dorf.

Matthias Lübke wird nicht operiert. Das Risiko einer Hirnverletzung ist so groß, daß die Ärzte die Entfernung der Geschoßsplitter nur wagen wollen, wenn Lübke sie von jeder Verantwortung entbindet. Dazu ist er nicht bereit. «Ich wollte nicht das Versuchskarnickel sein.» Dennoch ist er guter Hoffnung. Er bekommt eine Sprachklappe unter den Kehlkopf und kann wieder fast normal sprechen. Zwar muß er monatelang ein Korsett tragen, in dem Kopf und Oberkörper fest vertäut liegen, daß er sich so steif bewegt wie ein Roboter. Doch Lübke scheint gut zu genesen. Die sichtbaren Wunden verheilen schnell.

Nach dreieinhalb Monaten wird Lübke aus der Klinik entlassen. Als er das erste Mal eine Kiste mit Sprudelflaschen schleppt, wird ihm schwarz vor Augen. Sein Kopf schmerzt in unbekannter Schärfe. Die Ärzte eröffnen ihm, daß er sich keiner Anstrengung mehr aussetzen darf. Sein Gehirn wird nur von der rechten Hauptschlagader versorgt. Die linke ist von einem Blutpfropf verschlossen. Würde der Pfropf sich lösen, würde Lübke an inneren Blutungen sterben. Seinen Beruf als Buchbinder kann er nicht mehr ausüben. Den Imbiß muß er mit 40 000 Mark Verlust verkaufen.

In immer kürzeren Abständen suchen ihn quälende Schmerzen heim. «Als sticht mir einer mit der Schere in den Kopf und wühlt darin herum», sagt Lübke. «Das ist nicht zum Aushalten. Ich habe richtig gefühlt, wie die Kugelsplitter sich in meinem Kopf bewegen.» Er läßt sich ein starkes Mittel verschreiben. Es dämpft die Schmerzen und auch die dunklen Gedanken, die der bevorstehende Prozeß aufrührt.

Lübke tritt vor Gericht als Nebenkläger auf. So, rät ihm sein Anwalt, könne er eher seine Schadensersatzansprüche geltend machen. Er will dem Täter in die Augen blicken. Doch der Angeklagte, ein gleichaltriger Gelegenheitsarbeiter, meidet den Blickkontakt. Er sei so betrunken gewesen, sagt er vor Gericht, daß er sich an die Tatnacht kaum erinnern könne. Tatsächlich hat der Polizeiarzt 1,8 Promille Blutalkohol gemessen.

Der Rausch und die schwierige Kindheit des Angeklagten ergeben strafmildernde Umstände. Warum er eine Waffe mit scharfer Munition trug, warum ihm ein so geringer Anlaß reichte, um sie gezielt abzufeuern, bleibt ungeklärt. Das Geschehen erscheint nebelhafter als zuvor. Auf Erklärungen und vielleicht eine Entschuldigung wartet Matthias Lübke vergeblich. Dem Täter zu verzeihen, hätte er sich zwar nicht vorstellen können, nicht einmal ein Gespräch, «nach dem, was der mir angetan hat». Doch ein Zeichen der Reue des Angeklagten hätte Matthias Lübke vielleicht entlastet. So bleibt der Täter namenlos in seinen Erzählungen und ohne Seele, ein Gespenst.

Der Mann wird zu fünfeinhalb Jahren Haft verurteilt. Matthias Lübke zieht daraus keine Befriedigung. Die Strafe erscheint ihm milde, doch auch ein härteres Urteil gegen den Täter hätte er nicht als Urteil für sich begriffen. Denn im Gefängnis, meint Lübke, wird nichts besser. «Im Gegenteil, da wird alles noch schlimmer. Da brüsten sie sich, was sie draußen angestellt haben, und wenn solche Leute auf einem Haufen sitzen, dann kommen doch nur wieder solche Sachen dabei raus.» Lübke fühlt sich persönlich verantwortlich dafür, daß der Täter nun im Gefängnis sitzt, und fürchtet seinen Zorn.

Nachts schreckt er schweißgebadet aus Alpträumen auf, die immer gleich beginnen. Er sieht den Schützen wieder auf sich anlegen, manchmal erwischt es auch die anderen am Fenster. Gut geht es im Traum nie aus, «es gab Täter und Opfer, und ich war immer das Opfer». Lübke versucht, sich abzulenken, und raucht nachts Zigaretten im Wohnzimmer, während seine Freundin weiterschläft. Wenn die Furcht zu stark wird, schluckt er ein Antidepressivum.

Tagsüber arbeitet seine Freundin Sylvia in einem Möbelmarkt, und Lübke sitzt zu Hause. Er will wieder Schlagzeug spielen. Doch «die rechte Hand machte nicht mehr das, was ich dachte». Das Gefühl für den Takt hat er verloren, er schlägt daneben. Sein Erinnerungsvermögen läßt ihn im Stich. Seitdem trägt er stets einen kleinen schwarzen Taschenkalender bei sich, in den er alle

Verabredungen und die häufigen Arzttermine notiert. Dauerhaft arbeitsunfähig, wird ihm eine «Beschädigtenversorgung» von monatlich 960 Mark plus Miete zuerkannt. «Matze, das wird schon wieder», sagen die Freunde.

In seiner Wohnung fühlt sich Lübke nicht mehr sicher. Er malt sich Rachepläne der Familie des Angeklagten aus, die ihn im Gerichtssaal mit feindseligen Blicken gemustert hat. Lübke installiert Bewegungsmelder und schafft sich einen Schäferhund an. Auch wenn er zu Hause ist, schließt er die Tür ab und läßt den Schlüssel, halb herumgedreht, stecken. Wenn ein Auto auf der Straße eine Fehlzündung hat, zuckt er zusammen, als würde ein Schuß fallen. Regelmäßig befragt er seinen Anwalt, ob der Täter noch inhaftiert sei.

Wenn Lübke allein ist, überkommt ihn der Haß. Er malt sich aus, wie er dem Schützen bei dessen Entlassung vor dem Gefängnis auflauert und ihm mit einem Baseballschläger die Kniescheiben zertrümmert. Diese Phantasien erleichtern ihn nicht. Lübke schämt sich seiner Rachlust, «dafür hätte ich lebenslänglich gekriegt». Schon der Gedanke an Rache scheint ihm verboten. Weder gegenüber seinen Freunden noch seiner Lebensgefährtin verliert er darüber ein Wort. «Ich wollte nicht wie eine Mimose dastehen.» Lübkes Leben zerfällt zusehends. Nach außen zeigt er Zuversicht, und im Inneren verbirgt er seine Angst und flatterhaften Zorn.

Diese Kluft überbrückt er mit dem Griff in die Hausapotheke. Ein Antidepressivum macht ihn gelassen, mit starken Medikamenten betäubt er die Kopfschmerzen, Schlafmittel vertreiben die schweren Träume. Weil die Wirkung der Pillen und Tropfen bald nachläßt, steigert Lübke die Dosen und läßt sich von vier Ärzten gleichzeitig Mittel verschreiben. Als auch das nicht mehr reicht, ordert er sie sich mit einem gestohlenen Rezeptblock selber. Mittwochnachmittag und Sonnabend sind Lübkes Apothekentage. Dann haben die Ärzte keine Sprechstunde und können Nachfragen mißtrauischer Apotheker nicht beantworten.

Aus dem Medikamentenschrank tankt er Gelassenheit. Lübke will mit aller Kraft der alte sein und die Schußverletzung ungeschehen machen. Er schmiedet wieder Pläne. Seine Freundin und er beschließen, ein Kind zu bekommen. «Bevor mir noch einer in den Kopf schießt», sagt er, «wollte ich mich verewigen.» Matthias und Sylvia heiraten – er in Frack und Zylinder, sie in Weiß und im fünften Monat schwanger. Bei der Trauung erinnert der Pastor an die Nacht zum 13. Mai, als das Leben des Bräutigams auf Messers Schneide stand. Matthias Lübke muß weinen und ist erfüllt von dem Gefühl, daß er es doch geschafft haben könnte.

Er begleitet seine Frau zur Schwangerschaftsgymnastik und ist dabei, als sein Sohn David zu Hause geboren wird. Während seine Frau wieder arbeiten geht, dreht sich sein Leben um den kleinen Jungen. Lübke fühlt sich überglücklich. Zu Hause bleiben zu müssen, nicht mehr arbeiten zu können, bekommt für ihn einen Sinn. Lübke sucht nach Wegen, die quälenden Kopfschmerzen ohne Chemie zu lindern. Doch selbst renommierte Schmerzkliniken können nicht helfen. Ein Arzt setzt ihm Akupunkturnadeln – und der Schmerz kehrt zurück, sobald die Nadeln wieder gezogen sind.

Eines Tages beschließt Lübke, alle Medikamente auf den Müll zu werfen. «Ich wollte nicht immerzu betäubt sein, ich wollte klar durchs Leben gehen.» Doch längst ist er medikamentenabhängig, so daß ein plötzlicher Entzug hoch riskant ist. Nach zwei Tagen erleidet er einen epileptischen Anfall. Mediziner haben dagegen ein neues Mittel parat. Es ist so stark, daß er nach der Einnahme fast das Bewußtsein verliert. Lübke hält das pharmazeutische Kreuzfeuer nicht aus und greift wieder zu seinen alten Mitteln. Die Tage versickern im Tran.

Der Täter wird nach dreieinhalb Jahren entlassen. Einige Wochen später erhängt er sich. Über die Gründe erfährt Lübke nichts. Er atmet auf, aber, sagt er, «die Geschichte ist für mich damit nicht abgeschlossen. Nur ein Kapitel ist zu Ende.» Der Tod des Täters hat für ihn eine bittere Seite. Weil der Vater des

Schützen dessen Erbe ausschlägt, haben sich Lübkes Hoffnungen auf Schmerzensgeld und Schadensersatz endgültig zerschlagen.

Matthias Lübke wird seiner Frau immer fremder. Lebenslustig hat sie ihn kennengelernt, stark und voller Energie. Jetzt erlebt sie ihn abwesend und verzweifelt, nur noch als Opfer und nicht mehr als Partner. Dabei fühlt sie sich selber schwach und bedroht durch seine uferlosen Ängste und Schmerzen. Den beiden stellt sich dies als ihr ganz persönliches Problem dar, das sie überfordert und bei dem offenbar niemand helfen kann. Sylvia Lübke wendet sich von ihrem Mann ab und zieht mit dem Kind zu einem anderen. Lübke sieht die Gründe für das Scheitern der Ehe vor allem bei sich selbst.

Jetzt lebt er allein in einer Einzimmerwohnung, verbringt die Tage vor dem Fernseher oder streicht seine Sofagarnitur aus weißem Leder schwarz an, «damit ich vor Langeweile nicht verrückt werde». Er träumt davon, sich mit Abendkursen zum Datenverarbeitungskaufmann weiterzubilden. Oder zumindest im Keller ein paar Aquarien aufzustellen, um Fische zu züchten und sie mit Gewinn an ein Zoogeschäft zu verkaufen. Aber wenn er sich morgens bleiern schwer fühlt und der Schmerz in seinem Kopf tobt, hat er kaum die Kraft aufzustehen. An eine feste Arbeit ist nicht zu denken.

Manchmal betrachtet er das Foto, auf dem er in einer grünen Badewanne sitzt und den neugeborenen David behutsam hält. «Er war eine ganz schöne Festigung, aber so viel Inhalt hat er mir doch nicht gegeben. Dazu war die Wunde zu groß und das Pflaster zu klein.» Und manchmal legt er die Westernhagen-Platte auf mit der Musik aus einer Zeit, die ganz lang zurückliegt: «Ja, ich lebe, und ich lebe immer mehr. Komm, laß uns leben.»

Seelenriß

Verbrechensopfer und ihr Trauma

«Ich wollte nicht wie eine Mimose dastehen», sagt Matthias Lübke, der angeschossen wurde und schwerverletzt überlebte. Vergeblich versucht er, an das Leben vor der Tat anzuknüpfen, als wäre nichts geschehen. Wie viele Verbrechensopfer schwankt er zwischen der schmerzhaften Erinnerung und dem Bemühen, die Tat zu vergessen. Doch auch wenn die körperlichen Wunden verheilen, prägt Gewalt die Seele oft ein Leben lang.

Manchen Menschen gelingt es, die Verbrechenserfahrung in ihren Alltag zu integrieren, ohne in Furcht und Unruhe zu verfallen. Viele Opfer aber erleben in ihrer Seelenwelt einen Riß, das Trauma. «Psychisches Trauma», schreibt die amerikanische Psychiaterin Judith Lewis Herman, «ist das Leid der Ohnmächtigen. Das Trauma entsteht in dem Augenblick, wo das Opfer von einer überwältigenden Macht hilflos gemacht wird.» Traumatische Ereignisse zerstören das soziale Netz, «das dem Menschen gewöhnlich das Gefühl von Kontrolle, Zugehörigkeit zu einem Beziehungssystem und Sinn gibt».

Diese Verletzung äußert sich allerdings nicht stets in sichtbarer Erregung. Menschen, die ihre Erschütterung zeigen, können mit Verständnis rechnen, ihnen glaubt man die Krise. Andere verstummen. Sie werden oft fälschlich für gelassen gehalten. Dabei ist ein besonders ruhiges Verhalten von Gewaltopfern eher ein Warnsignal für Schock als ein Zeichen von Stärke.

Menschen, die plötzlich mit Gewalt konfrontiert wurden, sind oft hin- und hergerissen zwischen der Rückbesinnung auf das Schreckliche und dem Bestreben, alles rasch hinter sich zu lassen und den Alltag wieder zu meistern. So geht ihr Blick in beide Richtungen – rückwärts, um den rätselhaften Bruch des Gewohnten zu erfassen. Die Gedanken kreisen vor allem um drei Fragen: Warum hat der Täter das getan? Was habe ich dazu beigetragen, daß gerade ich zum Opfer wurde? Wie hätte ich es verhindern können? Auch wenn die Erinnerung schmerzt, scheint sie doch der Schlüssel zu sein, die Tat begreifen zu können und daraus Erkenntnisse zu ziehen, um sich künftig wieder sicher zu fühlen. Bereits der niederländische Philosoph Baruch Spinoza erkannte diesen Zusammenhang: «Eine Gemütsregung, die ein Leiden ist, hört auf, ein Leiden zu sein, sobald wir uns von ihr eine klare und deutliche Vorstellung bilden.»

Der andere Weg führt nach vorne, bedeutet, zu handeln statt zu grübeln, für die eigene Sicherheit zu sorgen statt über die Risiken zu sinnen und den abgebrochenen Alltag wiederaufzunehmen. Die Möglichkeit zu verdrängen ist für jeden Menschen elementar. Sie ist der Schutz der Seele vor Überlastung und verhindert, nach einer Gewalttat unaufhörlich von den schmerzenden Erinnerungen überflutet zu werden und darin schließlich zu ertrinken. Beide Fähigkeiten, sich zurückzubesinnen wie nach vorne zu blicken, sind überlebenswichtig. In der Erinnerung liegt der Schlüssel zur Integration des traumatischen Geschehens. Die Verdrängung des Grauens birgt die Chance, sich vom Trauma zu lösen und den Alltag aufrechtzuerhalten.

Betroffene von Gewaltstraftaten neigen allerdings dazu, ihr Leid zu früh zu verdrängen. Viele Opfer reden nur wenige Male über ihre Erfahrung und versuchen dann, zur Tagesordnung überzugehen. Dabei sind vor allem kurz nach der Tat viele und intensive Gespräche heilsam – dann sind die Aufregung, die Bedrohung und die Ohnmacht am stärksten. Diese offene Wunde darf nicht zugeklebt, sondern muß versorgt werden.

Im Märchen wird erzählt von der Wanderung auf einem gefährlichen Pfad. Wer ihn geht und stets nach vorne sieht, ist gerettet. Wer den Blick zurückwendet, ist verloren. Und heißt es nicht im Volksmund, die Zeit heilt alle Wunden? Doch je stärker sich Menschen als ohnmächtig und wehrlos empfunden haben, um so schwerer ist es, diese Erfahrung kurzerhand hinter sich zu lassen. Dann kehrt das Grauen ungewollt immer und immer wieder zurück, in Alpträumen, in Schweißausbrüchen, in plötzlichem Ekel. Die Angst taucht wieder auf, wenn beispielsweise ein Satz oder ein Geruch an den Täter erinnert. Das Leiden rührt sich wie ein stumpfes Pochen, manchmal ein Leben lang. Traumatologen sprechen von einem biphasischen Reaktionsverlauf, dem stetigen Wechsel vom Aufflackern der Gefühle und dem Versuch, sie wieder zu dämpfen. Weil das Feuer nie ausgebrannt ist, findet es immer wieder Nahrung. Der Versuch, es zu unterdrücken, scheint gerade dafür zu sorgen, daß es immer wieder auflodert.

Wenn Gewaltbetroffene ihre Angst, ihre Wut und ihre Trauer nicht zulassen, pendeln sie weiter zwischen Erinnerung und Verdrängung, zwischen dem beherrschten Alltag und den unruhigen Nächten. Diese Zerrissenheit kann sich verwandeln in körperliche Leiden wie Magenschmerzen, Migräne oder in Suchtkrankheiten, und die nur scheinbar überwundenen Ängste können in späteren Belastungssituationen stärker ausbrechen als zuvor.

Eine Hamburger Bankangestellte erlebte in ihrer Filiale einen Überfall, der scheinbar spurlos an ihr vorüberging. Hilfe schien sie nicht zu benötigen. Anderthalb Jahre später geriet sie mit ihrem Partner in eine Krise. Plötzlich wurde sie in der Schalterhalle von Panikattacken ergriffen. Sie konnte ihre Arbeit nicht mehr versehen. Erst in einer Therapie offenbarte sich der Zusammenhang mit dem fast vergessenen Banküberfall. Weil sie sich bis dahin geborgen gefühlt hatte, waren ihre Furcht während der Tat und die Angst vor einem erneuten Bankraub gebannt gewesen.

Doch verschwunden waren diese Gefühle nicht – sie waren wie Giftfässer, die lange in einem vergessenen Kellereck gestanden hatten und nun, als das Haus bebte, umkippten und aufbrachen.

Bis vor kurzem wurden die Nöte und Bedürfnisse von Kriminalitätsopfern kaum erforscht. Wichtige Anstöße gab hierzu der Psychologe Michael Baurmann, der am Bundeskriminalamt eine sechsköpfige Schar von Wissenschaftlern leitet, die Fachgruppe Phänomenologie und Viktimologie. Ende der achtziger Jahre, als vor allem in Hessen die ersten Opferberatungsstellen wie die Hanauer Hilfe entstanden waren, bewegte Baurmann die Frage: Was für Unterstützung brauchen die Opfer? Zu seiner Überraschung gab es damals noch keine fundierte Bedürfnisanalyse, an der sich Beratungsstellen hätten orientieren können. So regte der BKA-Psychologe die erste große Opferbefragung in Deutschland an, die Hanauer Studie. 203 Verbrechensopfer wurden im Zuständigkeitsbereich der Hanauer Polizeidirektion befragt. Die meisten Betroffenen von Gewaltstraftaten nannten die seelische Verletzung als den schwerstwiegenden Schaden.

Wie sich diese Verletzung äußert, ist nach Erkenntnis von Baurmann individuell unterschiedlich. Dem einen bleibt die Luft weg, es kommt zu asthmatischen Beschwerden. Eine andere ist innerlich immer angespannt aus Furcht vor einem erneuten Kontrollverlust, die Sexualität ist gestört. Oder einer bleibt in der Hilflosigkeit des Opfers verfangen, fühlt sich niedergeschlagen und mutlos, wobei allein die Depressionen sichtbar werden, nicht aber der Bezug zur Gewalttat. Jeder, so Michael Baurmann, «sucht sich seine eigenen Symptome, abhängig von der jeweiligen Persönlichkeit und der erlebten Situation. Es ist unmöglich, von einem Symptom sicher zurückzuschließen auf ein bestimmtes Erlebnis.» Je länger die Tat zurückliegt, um so schwieriger wird es, den eigentlichen Anlaß der Beschwerden herauszuschälen.

Menschen können an erlittener Gewalt zerbrechen – doch die posttraumatischen Leiden wurden in der Seelenheilkunde bislang unterschätzt. Sigmund Freud ging von der Annahme aus, der Mensch werde allein in der Kindheit geprägt. Ein schokkierendes Erlebnis vermöge einen Menschen nicht zu verändern, sondern rühre allenfalls an frühkindliche Konflikte. Dabei räumte Freud ein, daß dies für manche Menschen nicht zutreffe – «sie wären gewiß der Krankheit entgangen, wenn das Leben sie nicht in diese oder jene Lage gebracht hätte».

Die Erforschung, wie Gewalt die Seele verletzt, nahm ihren Ausgang zu Beginn des 20. Jahrhunderts. Im Ersten Weltkrieg erkundeten Wissenschaftler erstmals systematisch, wie Soldaten über den Schrecken der Kämpfe krank wurden. Amerikanische Militärpsychiater behandelten in zahlreichen Auffangstellen nahe der Front Soldaten mit traumatischen Neurosen, um sie innerhalb von sieben Tagen als dienstfähig an die Front zurückzuordern. Im Zweiten Weltkrieg nahmen bei deutschen Heeressoldaten die Magenbeschwerden so stark zu, daß eigene «Magenbataillone» aufgestellt wurden.

Erst in den fünfziger Jahren tauchte die Frage nach den Folgen der Gewalt wieder auf. Damals hatten Gutachter darüber zu befinden, ob die Überlebenden der nationalsozialistischen Konzentrationslager Ansprüche auf staatliche Entschädigung hätten. Viele frühere Häftlinge litten an Schlafstörungen und Magenbeschwerden, wurden nach ihrer Befreiung depressiv und lebensmüde. Zahlreiche Gutachter aber brachten diese Leiden nicht in Verbindung mit dem Holocaust. Sie unterstellten, daß die Überlebenden entweder schon zuvor krank gewesen seien oder bezeichneten sie als sogenannte «Rentenneurotiker», die auf «geradezu krankhafte» Weise versuchten, Renten zu ergattern. Für die Opfer der nationalsozialistischen Gewaltherrschaft wurden die Entschädigungsverfahren zu einem zweiten Leidensweg, bis immer mehr der diskriminierenden Gutachten verworfen wurden.

Die Überlebenden des Holocaust, schreiben Walter Ritter von Baeyer, Heinz Häfner und Karl Peter Kisker in ihrem Standardwerk *Psychiatrie der Verfolgten*, zeigten «chronische, äußerst hartnäckige, therapeutisch wenig beeinflußbare Beschwerden, Leistungsmängel, Veränderungen der sozialen Persönlichkeit, die bei fehlendem oder gering ausgeprägtem Organbefund hirnpathologisch nicht erklärbar» waren. Sie seien allein aus dem Schicksal der Verfolgung zu erklären, eine eben «nicht psychopathisch vorgebahnte, sondern zwingend von der Belastungssituation zur Störung sich hinentwickelnde Erlebnisreaktivität bei Erwachsenen». Man sprach vom Überlebenden-Syndrom.

Viele hatten das Konzentrationslager überstanden, weil sie sich in ihrer Phantasie daraus gelöst und Pläne für das Leben danach geschmiedet hatten. Doch nach ihrer Befreiung holte das Grauen sie ein. Oft träumten sie Nacht für Nacht vom Lager. Hatte sie vorher die Flucht in die Zukunft gerettet, waren sie nun an die Vergangenheit gefesselt. Viele der Überlebenden fürchteten nicht die konkrete Gefahr fortgesetzter Verfolgung. Sie waren von tiefem Mißtrauen gegen jeden beseelt und fühlten sich nirgends mehr zu Hause.

Das Leiden an der Erinnerung blieb auch in anderen Ländern nahezu unbeachtet. Die amerikanische Seelenheilkunde wurde erst seit den sechziger Jahren massenhaft mit posttraumatischen Beschwerden konfrontiert, als zahlreiche Vietnamveteranen auffallend ähnliche Symptome von Entwurzelung und Vereinsamung, Krankheiten und Süchten zeigten. Mehr als acht Millionen US-Soldaten waren im Vietnamkrieg eingesetzt gewesen. In den Veteranenzentren bildeten sich Selbsthilfegruppen, in denen sich die früheren Angehörigen der Kampftruppen über die Schwierigkeiten austauschten, an ihr ziviles Leben wieder anzuknüpfen.

Der Psychologe David Foy betreute in einem Zentrum in Los Angeles zahlreiche Männer. Sie kamen zu ihm aus verschiedenen Gründen – Scheidung, Jobverlust oder Alkoholismus. Bald zeigte sich aber, daß sie allesamt unter ihren traumatischen Erinnerungen litten. «Sie konnten den Krieg nicht einfach hinter sich lassen», berichtete Foy. «Extreme Selbstvorwürfe, das Mißtrauen gegen jeden und die ständige Furcht um die eigene Sicherheit gingen so weit, daß sie ihre Umgebung ständig nach Zeichen von Gefahr absuchten.» Viele wurden von den immer gleichen Alpträumen gepeinigt. Zeitweilig zeigten sich die Kriegsfolgen gelindert, um dann nach Monaten oder Jahren unerwartet wieder aufzutreten. Bei einigen amerikanischen Heimkehrern, die stabil und gesund gewirkt hatten, brach das posttraumatische Leiden erst nach Jahrzehnten aus, ausgelöst durch Reize, die an jene Zeit erinnerten, oder auch durch andere belastende Ereignisse.

In vergleichender Forschung stellten Psychologen wie David Foy zu ihrer Verblüffung fest, daß sich kriminelle Alltagsgewalt ähnlich auswirkte wie der Schrecken des Krieges und daß Verbrechensopfer ähnlich reagierten wie viele der Veteranen. Aufgrund dieser Erfahrungen wurde 1980 die Posttraumatische Belastungsstörung in das Handbuch der Amerikanischen Psychiatrischen Vereinigung aufgenommen, unter dem Namen «Posttraumatic Stress Disorder», abgekürzt PTSD (siehe Kasten).

Die Posttraumatische Belastungsstörung, so der Kern des Begriffes, geht zurück auf das erschütternde Ereignis, eine schwere Gewalttat selbst erlitten oder miterlebt zu haben. Auch die ernsthafte Androhung von Gewalt kann dieselben Folgen auslösen. Diese Ursachenerklärung entlastet die PTSD-Betroffenen, denen man zuvor vielfach eine krankhafte Prägung oder einen bereits schlummernden Seelendefekt unterstellt hatte. Nicht ihre Reaktionen sind unnormal, so die neue Erkenntnis, sondern die Gewalttat. Nicht die Leidtragenden sind verrückt, sondern das Erlebnis bricht ihren Alltag und sprengt ihre Sicht von sich selbst und der Welt.

Aus diesem Verständnis der Posttraumatischen Belastungsstörung liegt es nahe, sich auf die Folgen dieses äußeren Anlasses zu konzentrieren und die Betroffenen ernst zu nehmen als Menschen, die ihr Leben bis dahin eigenverantwortlich geführt ha-

Das Leiden danach

Die Posttraumatische Belastungsstörung (Posttraumatic Stress Disorder, kurz PTSD), definiert nach dem Diagnostischen und Statistischen Handbuch (DSM IV) der Amerikanischen Psychiatrischen Vereinigung und in gekürzter Übersetzung.

A. Die Person hat ein traumatisches Ereignis erlebt, das die beiden folgenden Merkmale erfüllt:
   1. Die Person wurde ernsthaft verletzt, ihr drohte der Tod oder schwere Verletzung, oder sie wurde Zeuge, wie ein anderer Mensch schwer verletzt oder getötet wurde.
   2. Die Person reagierte mit intensiver Furcht, Hilflosigkeit oder Grauen.

B. Das traumatische Erlebnis wird beharrlich auf eine oder mehrere der folgenden Weisen wiedererlebt:
   1. Wiederholte und eindringlich belastende Erinnerungen an das Ereignis in Bildern, Gedanken und Wahrnehmungen, bei kleinen Kindern auch wiederholtes Spiel, bei dem Bestandteile des Traumas ausgedrückt werden.
   2. Wiederholte, belastende Träume von dem Ereignis, die bei Kindern auch ohne wiedererkennbaren Inhalt auftreten.
   3. Handeln oder Fühlen, als ob das Ereignis wiederkehre, etwa Tagträume, Halluzinationen oder jähe Bilder der Erinnerung, sogenannte Flashbacks.
   4. Starkes körperliches Unwohlsein beim Auftreten von inneren und äußeren Reizen, die einen Aspekt des Traumas symbolisieren oder an Aspekte desselben erinnern.
   5. Körperliche Reaktionen beim Auftreten von inneren und äußeren Reizen, die einen Aspekt des Traumas symbolisieren oder an Aspekte desselben erinnern.

C. Die betroffene Person versucht beharrlich, die Reize zu vermeiden, die mit dem Trauma verbunden sind, oder ihre Reaktionsfähigkeit flacht nach dem Trauma ab.
Mindestens drei der folgenden Merkmale treten auf:
1. Bewußtes Vermeiden von Gedanken, Gefühlen oder Gesprächen, die mit dem Trauma verknüpft sind.
2. Bewußtes Vermeiden von Handlungen, Orten oder Menschen, die an das Trauma erinnern.
3. Unfähigkeit, sich an einen wichtigen Gesichtspunkt des Traumas zu erinnern.
4. Deutlich vermindertes Interesse an wichtigen Aktivitäten.
5. Gefühl der Losgelöstheit oder Entfremdung von anderen.
6. Eingeschränkte Gefühlsfähigkeit, beispielsweise die Unfähigkeit zu Liebesgefühlen.
7. Einschätzung, daß die Zukunft überschattet sei, daß es beispielsweise keine Hoffnung mehr gebe auf Karriere, Ehe, Kinder oder ein langes Leben.

D. Anhaltende Symptome von erhöhter Erregung nach dem Trauma. Mindestens zwei der folgenden Symptome treten auf:
1. Schwierigkeiten einzuschlafen oder durchzuschlafen.
2. Reizbarkeit oder Wutausbrüche.
3. Konzentrationsschwierigkeiten.
4. Übermäßige Wachsamkeit.
5. Übermäßige Schreckreaktionen.

E. Die unter B, C und D genannten Symptome halten mindestens einen Monat lang an.

F. Die Störung verursacht ein klinisch bedeutsames Leiden oder die Beeinträchtigung im sozialen Miteinander, im Arbeitsleben oder in anderen wichtigen Funktionsbereichen.

ben. Überdies verweist die PTSD-Definition darauf, daß nicht allein die Verletzung am eigenen Körper schweren Seelenschaden auslösen kann, sondern auch das Erlebnis der Verletzung anderer. Aus diesem Grund betonen etwa die bundesdeutschen Opferberatungsstellen, daß sie Hilfe auch für die Zeugen von Straftaten anbieten, jene also, die nach gängigem Verständnis Glück gehabt haben, weil sie ja selbst davongekommen sind.

Menschen, die ein Gewaltgeschehen erlebt haben, drängt sich in der Folge in Gedanken und Empfindungen, in plötzlich aufflammenden Bildern, sogenannten Flashbacks, und in Träumen die Erinnerung auf. Meist unbewußt, ist sie an bestimmte Sinneswahrnehmungen geknüpft. Häufig ist den Betroffenen selber nicht bewußt, warum sie plötzlich ängstlich und gereizt reagieren.

Eine sechzehnjährige Schülerin fuhr auf dem Fahrrad, als sie plötzlich und ohne jeden Anlaß von einem geistesgestörten Mann niedergestochen wurde. Einer der drei Messerstiche zerfetzte einen Lungenflügel. Wochenlang lag sie im Krankenhaus. Sprechen konnte sie darüber mit niemandem. «Wir müssen Gott danken, daß du überhaupt noch lebst», meinten die Eltern. Sie empfanden sich als schuldig daran, daß sie ihre Tochter vor der Gefahr nicht hatten bewahren können, und wurden unruhig, wenn ihre Tochter aus dem Haus ging. «Draußen können wir sie nicht beschützen», dachten sie, «denn die Welt da draußen ist feindlich.»

Das Mädchen aber machte sich in kleinen Schritten wieder auf den Weg. Sie öffnete das Garagentor und betrachtete von weitem ihr Fahrrad. Wenn der Anblick die Erinnerung aufwühlte, schloß sie das Tor rasch wieder. Nach ein paar Tagen gelang es ihr, näher heranzugehen und das Fahrrad zu berühren. Später nahm sie es und schob es hinaus. Nach einiger Zeit fuhr sie bis ans Ende der Straße, dann einen Häuserblock und noch etwas weiter, bis sie wieder die Angst spürte. Wie sie mit ihrem Fahrrad nach und nach die Entfernung von zu Hause vergrößerte, wurde sie wieder sicherer.

Acht Jahre später heiratete sie und wurde Mutter von zwei Kindern. Die Familie baute ein Haus und richtete sich ein im Vorstadtglück. Doch plötzlich brach ihr kalter Schweiß aus, wenn sie ihre Kinder im Auto anschnallte. Angstgefühle überkamen sie, wenn sie sich über ein Waschbecken beugte oder Staub saugte. Sie bemerkte, daß die Unruhe einsetzte, wenn sie eine gebückte Haltung einnahm – dieselbe Haltung, in der sie auf dem Fahrrad überfallen worden war. Sie hatte ihr Erlebnis nicht überwunden, sondern lediglich erfolgreich verdrängt. Acht Jahre lang. Sie begab sich in eine Therapie, um ihre Furcht zu lindern, deren Anlaß so lange zurücklag und die dennoch wieder durchgebrochen war.

Weil die Erinnerung schmerzt, versuchen viele Gewaltopfer, sich ihrer zu erwehren. Diese Vermeidungshaltung ist typisch für die Posttraumatische Belastungsstörung. Viele sprechen nicht über ihre Erfahrung und hüllen sich in einen Kokon des Schweigens. Sie meiden – meist unbewußt – Situationen, die sie an das Trauma erinnern könnten. So wurde ein Junge in einer Tiefgarage von Halbstarken niedergeschlagen. Monatelang machte er kehrt vor Fußgängerunterführungen und selbst vor Brücken, die mit ihren Betonwänden und Neonleuchten der Tiefgarage ähnelten. Je mehr Umstände diese Ängste auslösen, desto stärker schrumpft der Lebensraum der Betroffenen zusammen.

Die Vermeidung kann bis zum völligen Rückzug von allen Menschen und zu einer Erkaltung aller Gefühle und Hoffnungen führen. Weil es nicht möglich ist, die eine, besonders belastende Erinnerung aus der Gefühlswelt zu verbannen, werden alle Empfindungen erstickt, geleitet von der Furcht, mit ihnen könnte auch das abgespaltene Erlebnis wieder spürbar werden und zum seelischen Zusammenbruch führen. So wird das gesamte Gefühlsleben grau und kalt. Wut und Trauer verwandeln sich in nebelhafte Depression und in körperliche Beschwerden.

Falls diese Merkmale erst mehr als sechs Monate nach dem Trauma beginnen, ist von einem verzögerten Beginn der Posttraumatischen Belastungsstörung die Rede. Sie gilt als akut, wenn die Symptome weniger als drei Monate anhalten, und als chronisch, wenn sie länger andauern. Fachleute wie der holländische Therapeut Carlo Mittendorff dagegen betonen, daß heftige und widersprüchliche Reaktionen kurz nach der Tat normal sind, «man soll Leute nicht zu schnell zu Patienten machen». Die Brüche im Selbstbild und in der Wahrnehmung der Welt als Teil der eigenen Lebensgeschichte anzunehmen und doch zu einem Grundvertrauen zurückzukehren ist ein mühsamer und oft langer Weg.

Wenn es stimmt, daß Verbrechensopfer häufig seelisch erkranken, müßte sich dies auch im therapeutischen Alltag widerspiegeln. Dann könnte es vielleicht sogar Hinweise darauf geben, welche Gewalterfahrungen sich als besonders belastend erweisen. Dies war der Ausgangspunkt für die Hamburger Psychologinnen Frauke Teegen und Daniela Hansen. Sie befragten Therapeutinnen und Mitarbeiter von Beratungsstellen zur Häufigkeit von Posttraumatischen Belastungsstörungen und werteten die Angaben zu deren insgesamt 2933 Klientinnen und Klienten aus. Diese ungewöhnlich hohe Zahl von ausgewerteten Fällen gibt der Studie besonderes Gewicht.

Mit 12 bzw. 11 Prozent waren unter den Menschen, die sich gerade in Therapie befanden, sexuelle Kindesmißhandlung und Gewalterfahrungen in Beziehungen die am häufigsten beobachteten Traumata. «Traumabezogene Belastungsstörungen sind in der klinischen Praxis von erheblicher Bedeutung und müßten in Aus- und Weiterbildung stärker berücksichtigt werden», folgern die beiden Wissenschaftlerinnen. Ebenso untersuchten sie, wie häufig bestimmte Erlebnisse zu den typischen Traumasymptomen führen. Zwei Drittel der als Kind sexuell Mißhandelten litten der Untersuchung zufolge an PTSD, jedes zweite Opfer von Gewalt durch fremde oder vertraute Menschen. Die Therapieklienten, die Folter erlebt hatten, waren allesamt so schwer gezeichnet, daß PTSD diagnostiziert wurde.

Die Hamburger Befragung stützt damit eine Erkenntnis der Traumaforschung, daß auf der einen Seite objektive Umstände der Tat bestimmen, ob die Betroffenen zu erkranken drohen. Entscheidend ist, welches Ausmaß die Gewalt annimmt, von welcher Dauer sie ist und durch wen sie beendet wird. Zum anderen beeinflussen subjektive Faktoren die Intensität, mit der Menschen Verbrechen erleben – beispielsweise, wieviel Gewalt sie vorher bereits erlitten haben, ob sie allein oder in einer gefestigten Partnerschaft leben, ob sie sich in einer glücklichen Lebensphase befinden oder in einer Krise, ob man sie ernst nimmt oder verhöhnt.

Menschen, die bereits verunsichert sind, können durch sogenannte Bagatelldelikte traumatisiert werden, während andere, die besonders stabil sind, selbst schwere Verbrechen überstehen, ohne zu zerbrechen. Doch je massiver die Gewalt einwirkt, desto wahrscheinlicher wird auch für Menschen mit großen persönlichen Ressourcen, daß ihre Seele Schaden nimmt.

Es befremdet Außenstehende, daß viele Gewaltopfer die erlittene Tat nicht von sich trennen können, sondern ihr gesamtes Leben überschattet sehen. Tatsächlich ist das Gewalterlebnis mehr als eine schmerzhafte Episode. Es bricht mit Grundannahmen, auf die jeder Mensch seine Zuversicht und Lebensplanung baut – sicher und stabil zu sein, das Leben einschätzen zu können und in der Hand zu haben, in die eigenen Fähigkeiten zu vertrauen und darin, daß die Welt im wesentlichen gerecht ist und die Menschen gut sind zueinander. Die Erfahrung, daß sie als Opfer klein und hilflos waren, bedrückt gerade die Menschen, die sich bis zur Tat als selbstsicher und stark kannten. Männer reagieren besonders beschämt. Ihnen fällt es tendenziell schwerer als Frauen, darüber zu sprechen und Unterstützung einzufordern. Während Männer Polizeistatistiken zufolge Gewalttaten dreimal so häufig wie Frauen zum Opfer fallen, finden sie seltener zu Opferberatungsstellen.

Ob es zu einem posttraumatischen Leiden kommt, hängt auch

davon ab, wieviel Erfahrung ein Mensch in der Konfliktbewältigung hat, wie belastbar er ist und über wie viele Möglichkeiten des Umgangs mit seinem Schmerz er verfügt. Wenn Gewaltbetroffene Hilfe und Unterstützung suchen und annehmen können, Worte für ihre Situation finden oder sich anders auszudrücken vermögen, werden sie eher genesen, als wenn sie darauf setzen, ihr Dilemma beiseite zu schieben oder ganz allein zu lösen. Entscheidend ist auch, ob sich die Menschen, an die sich Opfer wenden, verständnisvoll und hilfreich zeigen, vor allem, ob sie zuhören können.

«Die Anzeigenaufnahme bei der Polizei war bescheuert, formal und unpersönlich», erinnert sich ein Mann, der zusammengeschlagen wurde. «Es ging nicht um meine Person. Ich werde selbst nach dem Täter suchen. Das Verfahren wird sicher eingestellt.» Man machte ihr Vorwürfe, weil sie erst Tage nach der Tat Anzeige erstattete, berichtet eine Angestellte, der Unbekannte die Tageskasse aus der Handtasche geraubt hatten. «Die kapieren nicht, daß ich unter Schock gestanden habe.» Eine Frau, die vergewaltigt wurde, bedauert im nachhinein, daß sie überhaupt Anzeige erstattet hat. «Ich kam mir bei der Polizei wie eine Kriminelle vor. Und dann haben sie mich gefragt, ob ich etwas dabei empfunden hätte.» Diese Aussagen sind zitiert nach der Hanauer Studie, der bundesweit ersten großen Befragung von Verbrechensopfern Ende der achtziger Jahre.

Opfer befinden sich nach der Tat in einer psychischen Ausnahmesituation, und sie erwarten Verständnis und Einfühlungsvermögen von der Polizei. In Ausbildungsinstituten wie der Polizei-Führungsakademie Münster wird dies zunehmend erkannt und vermittelt. So sollten Polizisten Gespräche mit Verbrechensopfern auf den Revieren in ruhiger, abgeschirmter Atmosphäre führen. Dabei sind auch Sachinformationen zum weiteren Verfahren und zu örtlichen Hilfsangeboten wie Opferorganisationen, Frauenhäusern und Beratungsstellen sinnvoll. Doch hat die Polizei, häufig die erste Anlaufstation der

Opfer, deren Betreuung lange vernachlässigt. Nicht von ungefähr – weil Polizisten täglich viel menschliches Leid erleben, schirmen sie sich vor Gefühlsausbrüchen ab. Auf die Betroffenen wirken sie damit allerdings häufig abgebrüht und teilnahmslos.

Unter Polizisten ist die Einsicht mittlerweile verbreitet, daß im Umgang mit vergewaltigten Frauen und mißhandelten Kindern Behutsamkeit besonders wichtig ist – etwa die Vernehmung durch geschulte Polizistinnen oder die Befragung von Kindern durch erfahrene Psychologen, die auf Videofilm aufgezeichnet wird. So bleibt den Kindern eine weitere Vernehmung später im Gerichtssaal erspart, falls alle Prozeßbeteiligten einverstanden sind. Während bei einer Untersuchung in Niedersachsen Anfang der achtziger Jahre die Opfer von Sexualdelikten die Aufnahme bei der Polizei als eher unangenehm bezeichneten, gaben ein paar Jahre später die Befragten bei der Hanauer Studie Noten eher im neutralen Bereich. Möglicherweise ist dies eine Folge erhöhter Aufmerksamkeit der ermittelnden Beamten zumindest für diese Opfergruppen.

Auch die Familien, Freunde und Bekannten von Opfern reagieren häufig ablehnend, können nicht zuhören, wollen es so genau nicht wissen, parieren mit voreiligen Beschwichtigungen, Erklärungen oder sogar Schuldvorwürfen. Denn Opfer verunsichern. Sie machen angst. Sie sind ein lebendes Beispiel dafür, daß Gewalt nicht nur in Krimis und in Zeitungen geschieht, sondern auch im wirklichen Leben. Viele in der Umgebung der Betroffenen schotten sich gegen deren Erfahrung ab. Sie kommen zu dem Urteil, das Opfer müsse wohl etwas falsch gemacht haben. Sie selbst aber, meinen sie, machten alles richtig und könnten daher nicht verletzt werden. Dieser psychische Schutzmechanismus dient der eigenen Beruhigung, trifft aber das Opfer.

Bei den Leidtragenden fallen die ausgesprochenen und stillen Vorwürfe ihrer Umgebung häufig auf einen guten Resonanzboden, denn sie fragen sich selbst bereits, warum es gerade sie getroffen hat. Haben sie sich provokant verhalten? Waren sie zu unvorsichtig und leichtgläubig? Haben sie das Verbrechen geradezu angezogen? Je stärker die Erfahrungen von Verbrechensopfern tabuisiert werden, um so mehr muß jeder einzelne Betroffene annehmen, dies sei sein ganz persönliches Drama. Tatsächlich aber ist niemand davor sicher, zum Opfer zu werden. Jeden kann es treffen. Verletzt zu werden ist eines der Restrisiken unseres Lebens, über das nachzudenken unbehaglich ist.

Anders als das zählebige Vorurteil nahelegt, gibt es das typische Opfer nicht. Viele der sogenannten Opfertypologien stammen aus einer Zeit, als man auch meinte, man könne die Neigung zum Verbrecher auf die Schädelform oder Gehirndefekte zurückführen. Viele Straftaten geschehen eher spontan und wahllos. Ein Täter, der etwa zum Handtaschenraub bereit ist, entscheidet oft in Sekundenbruchteilen, wen er angreift. Die meisten Opfer sind Zufallsopfer. Vor allem Tatgelegenheit, die Gewinnsucht des Täters oder andere Motive wie Langeweile oder Wut sind bestimmend.

Gewaltopfer, die Verständnis und Hilfe erfahren, haben die Chance, die Tat als schreckliches, aber isoliertes Ereignis in ihrem Leben zu begreifen und wieder Vertrauen in sich selbst und in ihre Umwelt zu fassen. Menschen aber, denen Schuldvorwürfe, Spott und Ablehnung begegnen, sehen sich ins Abseits gestellt. Jede Beschwichtigung, jede vielleicht gutgemeinte Ermunterung, an die Tat nicht mehr zu denken, sind Stiche ins Herz. Das Mißtrauen von Kollegen und Arbeitgebern, so lange könne doch der Schrecken nicht nachhallen. Die Medienberichte, in denen Täter als pfiffige Macher beschrieben sind und ihre Opfer als Genarrte. Die Vernehmungen, in denen sich die Leidtragenden zu Lügnern abgestempelt sehen. Die Gerichtsprozesse, in denen sie geringschätzig behandelt werden wie ein Stück aus der Asservatenkammer. All dies verletzt die Opfer erneut. Aus ihrer Sicht schließt die Gesellschaft so einen Pakt mit den Tätern – eine Erfahrung, die unendlich einsam macht.

Warum man den Betroffenen
nicht zuhören will

Der Duft von Gras

*Die Geschichte von Sigrid Nentwich, die Geisel der
Berliner Tunnelräuber war*

Maskierte Räuber überfallen am 27. Juni 1995 eine Bank am Berliner Schlachtensee und nehmen sechzehn Menschen als Geiseln. Als die Polizei nachts das Gebäude stürmt, sind die Banditen mit Säcken voller Geldscheine geflüchtet – durch einen Tunnel, den sie in monatelanger Vorarbeit gegraben haben. Die Öffentlichkeit amüsiert sich über «Deutschlands frechsten Bankraub», wie die «Bild»-Zeitung titelt.

Kaum ein Wort fällt über die Geiseln, die sechzehn Stunden lang zwischen Todesangst und Hoffnung ausharrten, unter ihnen die Bankangestellte Sigrid Nentwich. Einen Sommer lang sind dagegen «Tunnel-Toni», «Momo» und die übrige Bande des Syrers Khaled Al Barazi die Helden von Berlin. Selbst der Berliner Polizeipräsident rühmt die Tunnelräuber als «intelligent und hochkarätig». Die «Berliner Zeitung» sieht sich an den legendären englischen Postraub erinnert, und Volksmusikant Wilfried Gliem, einer der Wildecker Herzbuben, amüsiert sich in der «Bild»-Zeitung: «Als ich das gehört habe, mußte ich herzlich lachen.»

Auf die Idee kam der Röntgenassistent Khaled Al Barazi, als er wegen Drogenhandels im Gefängnis von Plötzensee saß. Seine Idee, einen Tunnel unter den Gefängnismauern in die Freiheit zu graben, mußte er verwerfen. Doch an dem Plan, per

Buddelei sein Glück zu machen, hält er fest. Nach seiner Haftentlassung schart er seine Brüder Mouzaffer, Moutaz alias Tunnel-Toni und weitere Helfer um sich. Sie mieten im Februar 1994 eine Doppelgarage an der Matterhornstraße 48 an, nahe der Zehlendorfer Filiale der Berliner Commerzbank. Die Kundschaft dieses Hauses gilt als gutbetucht, und so lockt neben der Aussicht auf ein Lösegeld auch der Bankkeller mit den Schließfächern.

Die Räuber treiben einen vier Meter tiefen Schacht durch den Boden der Garage und schaufeln von dort einen langen schmalen Tunnel bis zur Kanalisation. Um bei den Maulwurfsarbeiten nicht zu ersticken, bläst ein Ventilator, von einer Autobatterie betrieben, Luft durch Schläuche in die Höhle. Einer gräbt, ein anderer füllt die Erde in Säcke, die sie auf Skateboards legen, an Seilen bis zur Tunnelöffnung ziehen und mit einem Flaschenzug emporhieven. Alle zwei Tage fahren die Männer mit ihrem alten VW-Bus die Säcke fort, entladen sie auf Baustellen im Osten der Stadt, wo sie auch Holzbohlen zum Abstützen des unterirdischen Gangs stehlen. Nach wochenlanger Arbeit stoßen sie an einen Regenwasserkanal, durchbrechen dessen Betonwand und graben hundert Meter weiter von der Kanalisation aus einen zweiten Tunnel auf die Bank zu. An Regentagen steht das Wasser darin kniehoch. Obwohl die Straßendecke oberhalb des Tunnels einsackt, bleibt das Wühlen unbemerkt. Als die Männer schließlich ein Rohr nach oben treiben, um zu sehen, ob sie noch in die richtige Richtung graben, finden sie sich unmittelbar vor der Bank wieder und ziehen das Rohr wieder ein.

Am 27. Juni 1995 dringen vier der Räuber maskiert in die Bank ein, bewaffnet mit Pistolen, Schrotgewehren und russischen Handgranaten, und bringen zehn Kunden und sechs Angestellte in ihre Gewalt. Sie tragen Overalls, rot, beige, hellgrau und dunkelgrau mit Schuhen in jeweils derselben Farbe, und sind mit schwarzen Skimützen vermummt. Während sie den stellvertretenden Filialleiter Achim Ebert unter Ohrfeigen und Stößen mit dem Gewehrkolben zwingen, mit der Polizei um Lösegeld und ein Fluchtfahrzeug zu feilschen, durchbrechen zwei Komplizen vom unterirdischen Tunnel aus den Betonboden des Bankkellers und plündern rund 200 Schließfächer.

Die Polizei spielt auf Zeit. Mehrere Ultimaten verstreichen. Erst am Abend wird ein Lösegeld von 5,6 Millionen Mark überreicht. Dann wird es ruhig. Schließlich erreicht die Polizeiführung ein Anruf von Banker Ebert, von den Räubern sei nichts mehr zu sehen und zu hören. Die Polizei stürmt die Bank und findet nur noch die verängstigten Geiseln vor. Die Räuber aber haben sich unter den Füßen ihrer Verfolger aus dem Staub gemacht, mit vier Säcken voller Lösegeld, der Barkasse der Filiale und Geld, Gold und Schmuck aus den Schließfächern.

«Ein solches Maß an Kaltschnäuzigkeit und professioneller Planung», schreibt der «Spiegel», «trauen viele Berliner am ehesten Spezialisten der ehemaligen Stasi oder der DDR-Armee zu.» In der Öffentlichkeit gelten die Tunnelräuber als «Superhirne». Doch bald offenbart sich, daß sie eine Reihe von Anfängerfehlern begehen, mit denen sie die Polizei rasch auf ihre Fährte bringen. Baumaterial haben sie mit Kreditkarten bezahlt, und an ihren Overalls, die sie nach der Geiselnahme zurückließen, prangen noch die Preisschilder. Im Tunnel finden Kripoexperten den Fingerabdruck eines der Täter. Innerhalb weniger Wochen ist fast die gesamte Bande gefaßt. Ein Teil des Lösegeldes allerdings bleibt verschwunden, vermutlich vergraben in Berlin. Die «Bild»-Zeitung rät ihren Lesern: «Buddeln Sie doch mal!»

Die Menschen, die sechzehn Stunden lang in der Gewalt der Räuber ausharren mußten, sind in der öffentlichen Wahrnehmung Zaungäste eines raffinierten Ganovenstreichs. «Selbst die von Angst gezeichneten Geiseln des Dramas bescheinigten den Kidnappern nach der Befreiung korrekte Behandlung», heißt es im «Spiegel». Die «fürsorglichen Gangster» hätten ihre Opfer mit Äpfeln, Keksen und Multivitaminsäften verwöhnt.

Sigrid Nentwich erinnert sich heute detailgenau an den 27. Juni 1995. Als sie morgens gegen halb elf die schwarz Vermummten in die Bank stürmen sieht, durchfährt sie, was sich die Bankangestellte für einen solchen Moment eingeschärft hat: «Alarm auslösen, hinlegen, Deckung.» Kunden, die im Vorraum der Bank stehen, werden mit erhobenen Gewehren in die Schalterhalle gedrängt. Sigrid Nentwich springt auf, warnt die Kollegen, rennt in das Büro des Filialleiters und flüchtet sich unter einen Schreibtisch. «Wenn die gleich losschießen», denkt sie, «das willst du gar nicht hören.»

Sie hockt in ihrem Versteck und wagt nicht, sich zu rühren. Sie hört, wie Kommandos gebrüllt werden: «Alles runter auf den Boden!»

Wer der Chef sei, wollen die Fremden wissen, und Achim Ebert, der als stellvertretender Filialleiter an diesem Tag die Niederlassung führt, meldet sich. Die Banditen stoßen ihn zurück, denn der dreiunddreißigjährige schmächtige Mann, der wegen der Sommerhitze sein Sakko abgelegt und die Ärmel seines weißen Hemdes hochgekrempelt hat, erscheint ihnen wohl zu jung und zu leger, als daß er wirklich der Chef sein könnte. Ebert betont mit Nachdruck: «Doch, das ist so!» Von ihm wollen sie wissen, wo welche Räume sind, und er soll alle Jalousien herunterlassen. Sigrid Nentwich hört die Männer näher kommen. Ebert bemerkt sie, kurbelt rasch an der Jalousie und sagt, «hier ist weiter nichts». Die Männer entfernen sich. Aber Sigrid Nentwich hört, daß einer im Türrahmen steht und leise atmet.

Wenn sie jetzt entdeckt wird, fürchtet die junge Frau, wird man sie erschießen. «Was glauben die bloß, was ich in der Zwischenzeit gemacht habe?» Sie sehnt sich danach, bei den anderen im Schalterraum zu sein, und lauscht den Atemzügen an der Tür. «Warum holt der mich nicht raus?» Sie möchte ganz klein und unsichtbar sein. Das Atmen nähert sich ihr. Der Fremde reißt den Stuhl vom Schreibtisch und streckt ihr einen Gewehrlauf ins Gesicht. Einen Augenblick lang glaubt sie, daß alles vorbei ist.

Sie fleht ihn an, «nicht schießen». Mit einer Geste bedeutet er ihr aufzustehen. Doch sie kann sich nicht mehr rühren.

Der Mann trägt einen roten Overall, und sie sieht in seine dunkelbraunen Augen. Schöne Augen. Ein Mann mit so schönen Augen wird sie nicht töten, glaubt sie plötzlich. Er scheint nicht einmal zwanzig Jahre alt zu sein. Und doch richtet er eine Waffe auf sie. «Tu mir nichts», beschwört sie ihn und erklärt, daß ihre Knie starr geworden sind und sie nicht mehr aufstehen kann. Er streichelt sie flüchtig, faßt ihr unter die Achseln und geleitet sie zu den übrigen Geiseln im Schalterraum. Die anderen Männer verhalten sich ruppiger. Einer drückt sie von hinten auf den Boden. Sie muß sich zu den anderen setzen, die mit Handschellen gefesselt sind, und darf sich nicht rühren. Als sie ihre langen, blonden Haare aus dem Gesicht streicht, stößt ihr einer den Gewehrlauf in die Handflächen.

Die Männer in den Overalls sagen kein Wort mehr. Sie halten Ebert einen Zettel hin, und der muß der Polizei verkünden, wenn jemand der Bank zu nahe komme, würde die erste Geisel erschossen. Sie reichen ihm einen weiteren Zettel. Ebert sagt, daß sie sechs Frauen als Freiwillige suchten. Sigrid Nentwich windet sich mit schmerzenden Knien hoch, sagt den anderen Frauen, «kommt, macht!» Sie werden in den Keller der Bank gebracht. Eine hat ihre Brille verloren und stößt gegen das Treppengeländer. Im Keller müssen sich die Frauen sternförmig auf den Boden legen, die Köpfe zusammen. Nach wenigen Minuten werden sie zurückgeführt, vorbei an dem Glastisch im Schalterraum, wo sonst die Bankkunden warten, bis sie bedient werden. Auf dem Tisch liegen mehrere Handgranaten, die für Sigrid Nentwich aussehen wie olivgrüne Ananas, und zwei Schnellfeuergewehre. Eines der Gewehre fällt ihr ins Auge, edel sieht es aus, mit messingschimmerndem Lauf und einem Knauf aus glattem Wurzelholz. Man könnte es gut als Wandschmuck ins Wohnzimmer hängen, denkt sie und grübelt, warum man sie in den Keller gebracht hat. Sie kann sich nur einen Grund vorstellen: Sie soll diese Waffen sehen und begreifen, daß jeder Widerstand lebensgefährlich ist.

Als sie zurückkehrt, sieht Sigrid Nentwich, daß eine der Frauen fehlt. «Der haben sie was angetan», glaubt sie. Eine Kollegin wispert ihr zu, man habe die Frau nach draußen geschickt. In der Wohnung über der Bank, aus der an manchen Tagen Klavieretüden und die Geräusche spielender Kinder dringen, poltern jetzt Stiefelschritte. Einer der Vermummten, der einen Overall aus blaugrauer Ballonseide trägt, schießt in die Decke. Dann ist es totenstill. Putz riesel Sigrid Nentwich ins Haar. Sie zittert am ganzen Leib und atmet stoßartig. «Da braucht eine Hilfe», sagt jemand, und ihr wird schwindlig.

Sie reißt sich den Kragen ihres weißen Leinenhemdes auf, und einer der Räuber hält ihr eine Plastiktüte vor den Mund, drängt sie wortlos, in sie hinein zu atmen. Dann erbricht sie sich. Man reicht ihr einen Eimer. Am Nachmittag verteilen die Männer eingeschweißte Sandwiches und Apfelhälften, und Sigrid Nentwich denkt, «das wird ein langer Tag, die sind auf alles vorbereitet». Während die Geiseln im hinteren Teil des Schalterraums ausharren, muß Ebert hinter der Trennwand im vorderen Bereich mit der Polizei telefonieren und die Forderungen der Räuber übermitteln. Sie wollen 17 Millionen Mark und einen Fluchtwagen. Sollte das nicht geschehen, drohen die Räuber, würden sie einer der Geiseln ins Bein schießen. Sie winken einen älteren Mann in grauer Strickweste heran. «Bitte nicht», fleht er, «das macht mein Herz nicht mit.» Dann greifen sie den jungen Kassierer, der nur für ein paar Tage aushelfen sollte, und setzen ihn ans Fenster. Sie verbinden ihm die Augen wie vor einer Hinrichtung. Sigrid Nentwich blickt auf die Uhr.

Sie trägt kurze, blaue Leinenshorts. Ihr wird kalt, und sie will ihre nackten Beine bedecken, auch, um die Fremden nicht zu reizen. «Wer weiß, was in deren Köpfen so vorgeht, wenn wir da so liegen.» Einer reicht ihr das Jackett von Achim Ebert, das sie über ihre Beine ausbreitet. Wenn sie auf die Toilette will, muß sie den Vermummten im roten Overall heranwinken. Er begleitet sie in die Teeküche, wo sie sich mit einem Eimer behelfen muß, während der Fremde in der Tür stehenbleibt. Und immer wieder erbricht sich Sigrid Nentwich, sie würgt zitternd, bis sie sich entleert hat, und die Säure brennt in ihrem Mund. Wie aus weiter Ferne registriert sie die stündlich ablaufenden Ultimaten, hört Ebert telefonieren mit der Polizei. Eine junge Frau, die sie zuvor nie gesehen hat, wiegt sie in den Armen, legt ihr die Hände auf den Bauch und atmet mit ihr. Sigrid Nentwich denkt an ihren Sohn, den siebenjährigen Max, den sie nicht mehr wiederzusehen glaubt. Sie malt sich aus, wie er ohne sie weiterleben wird, und in ihren Vorstellungen wird er immer kleiner und schrumpft zum Säugling, bis er in ihrer Phantasie wieder in sie hineinkriecht.

Offenbar ist die Polizei bereit, den Geiselnehmern entgegenzukommen, kann aber die Millionen nicht so rasch beschaffen. «Scheiße, die verarschen uns», entfährt es einem der Räuber. Der große Dicke in der Ballonseide ordert die Männer mit einem Kopfnicken in einen der hinteren Räume, wo sie leise miteinander sprechen. Sie fordern ein Fluchtfahrzeug, erst ein Auto, später einen Hubschrauber, und wollen ein oder zwei Geiseln mitnehmen. «Ich möchte es nicht sein», denkt Sigrid Nentwich und blickt zu Boden. Sie versinkt in dem beigefarbenen Teppich mit den braunen Sternen und schämt sich zugleich dafür, denn sie wünscht das auch keinem anderen.

Sie schläft ein, wacht erst wieder auf, als es bereits dämmert. Nur die Notbeleuchtung schimmert matt. Von draußen dringt kein Geräusch in die Bank. Manche schlafen auf dem Boden. Die beiden jungen Däninnen, die rasch ein paar Kronen hatten wechseln wollen, liegen im Eingangsraum der Bank, gefesselt ans Treppengeländer, als lebendes Schutzschild. Am Notausgang und an der Eingangstür baumeln Handgranaten. Der Kassierer ist auf seinem Stuhl zusammengesackt, sein Arm hängt schlaff zu Boden. «Der ist tot, den hat es erwischt», glaubt Sigrid Nentwich. «Bitte nicht. Ich will keinen verlieren von uns hier.» Da sieht sie, daß sich sein Brustkorb hebt. Am späten Abend fesseln die Vermummten ihre Geiseln an den Tischbeinen. Dann teilen sie Baumwolltaschen mit dem roten Aufdruck «Bauhaus» aus und stülpen sie den Geiseln über den Kopf. Plötzlich knallen Schüsse. Sigrid Nentwich zuckt zusammen, und die Handschellen schneiden sich in ihre Gelenke. «Sie haben die Lichter ausgeschossen», beruhigt sie sich.

Stunden scheinen zu vergehen, ohne daß etwas passiert. Einer sagt, er müsse auf die Toilette, und niemand antwortet. Eine flüstert, «mir ist kalt». Sie horchen in die Stille. Einer der Männer reißt an seinen Handschellen und versucht, den Tisch, an dem er gefesselt ist, aus der Verankerung zu heben. Er flucht, und Sigrid Nentwich zischt ihm zu, «wenn uns durch Ihr Verhalten etwas passiert, bringe ich Sie um». Doch der andere brüllt seine Wut heraus, und keiner der Räuber greift ein. Sie scheinen nicht mehr da zu sein. Ihre Handgranaten haben sie zurückgelassen, und ein Wecker tickt. «Meine Güte», sagt sie, «wenn hier etwas explodiert. Wir ziehen hier doch alle an einem Strang und nicht nur einer.» Da zerren die Männer mit ihren Schultern gemeinsam einen Tisch nach dem anderen aus der Verschraubung. Achim Ebert wählt die Nummer der Polizei und flüstert, «ich glaube, wir sind alleine». Die Geiseln erhalten die Weisung, hinter den Tisch in Deckung zu gehen, während die Polizei den Sturm auf die Bank vorbereitet.

Minuten später splittert das schwere Panzerglas der Eingangstür, es wird gleißend hell, es kracht und knallt. Schwarz vermummte Gestalten laufen in den Schalterraum und brüllen, «aufstehen, Hände über den Kopf!» Dann werden die Menschen vom Boden hochgezerrt und abgetastet. Noch vermutet man unter ihnen die Geiselnehmer. Über Scherben und Splitter wird Sigrid Nentwich fortgeführt, als geleite man sie aus ihrem Grab wieder hinaus. Laue Sommerluft schlägt ihr entgegen, und sie fällt in Ohnmacht.

In diesem Moment erreicht ihren Mann Jürgen die Nachricht, daß die Geiseln unversehrt befreit wurden. Er hat die Nacht über mit weiteren Familienangehörigen in der Polizeizentrale ausgeharrt, und nun, in der Frühe gegen drei Uhr, setzt sich eine Autokolonne der Angehörigen Richtung Schlachtensee in Bewegung, eskortiert von Polizisten auf Motorrädern. Jürgen Nentwich fühlt sich wie in einem Triumphzug, der über menschenleere Kreuzungen in die Morgendämmerung rast. Als er endlich in die Matterhornstraße einbiegt und hofft, seine Frau zu umarmen, wird eine Namensliste vorgelesen, die man nach der Stürmung der Bank zusammengestellt hat. Der Name von Sigrid Nentwich steht nicht darauf. «Wo ist meine Frau?» ruft er. Keiner weiß es. Erst nach fürchterlichen Minuten des Zweifels stößt er auf einen, der sagt, daß ein Rettungswagen zwei Frauen bereits ins Krankenhaus gefahren hat.

Sigrid Nentwich erwacht am Morgen im Krankenhaus. Ihr Mann sitzt an ihrem Bett und hält ihre Hand. «Wo bin ich?» fragt sie. Sie kann sich nicht erinnern, wie sie aus der Bank herausgekommen ist. Das Ende der Geschichte fehlt ihr, und in dem Moment, als ihr dies bewußt wird, ist die Angst wieder da. Was passiert ist, das weiß sie, ist mit keiner früheren Erfahrung, keiner Verletzung und keiner Krankheit zu vergleichen. Sigrid Nentwich beschreibt ihre Empfindung so: «Da fängt etwas in meinem Innersten zu bröckeln an. Alleine werde ich das nicht schaffen.» Sie läßt sich nach Hause fahren und bittet ihren Mann, ihren Sohn aus der Schule abzuholen, «unser Kind kriegt heute sein Zeugnis, geh bitte zu Max».

Als der Vater den Siebenjährigen trifft, bleich und ernst, spürt der Junge, dem man gesagt hat, seine Mutter sei im Krankenhaus, daß etwas Furchtbares passiert sein muß. Zu Hause umarmt er seine Mutter, die starr in der Tür steht, und beide gehen zusammen in den Garten und legen sich auf eine Liege im Schatten einer Kastanie. In wenigen Sätzen erzählt sie ihm, daß Männer die Bank überfallen haben. Sie drückt ihn an sich, und er schläft ein. Sein Gesicht glüht, Schweiß perlt auf seiner Stirn. Innerhalb von einer Stunde hat der Junge 41 Grad Fieber.

Sie will nur noch raus aus Berlin, und die Familie fährt nach Bayern zu einem Freund, der einen Bauernhof am Chiemsee zur Ferienpension mit Reitgestüt umgebaut hat und als Lehrer für Gleitschirmflug arbeitet. Nachts auf der Autobahn schreckt Sigrid Nentwich, die auf dem Beifahrersitz schläft, schreiend auf. Das Schrammen des Kupplungspedals erinnert sie an die metallischen Geräusche, mit denen die Räuber ihre Waffen entsichert haben. Ihr Mann und ihr Sohn blicken sich an und verlieren darüber kein Wort.

Als sie am Morgen am Chiemsee eintreffen, taumelt Sigrid Nentwich aus dem Wagen. Ihre Knie sind entzündet, sie kann nur unter großen Schmerzen gehen, ihren Kopf kann sie kaum bewegen – ihr Körper ist in eine Starre verfallen. Franz, der bayerische Freund, hat für sie eine Liege vors Haus gestellt, aber sie mag jetzt nicht auf dem Plastik liegen und läßt sich in die Wiese fallen, in der Morgentau glitzert, preßt ihr Gesicht in das feuchte Gras, saugt seinen Duft ein und flüstert, «oh, ist das schön, ich rieche sie noch, Mutter Erde». Ihr Mann sieht verlegen auf seine Frau, die im Gras dahingestreckt liegt wie sturzbetrunken oder wahnsinnig. Lange bleibt sie liegen, spürt den Boden, der sie trägt, bis ihr die Feuchtigkeit in den Körper kriecht.

Die folgenden Tage verbringt sie auf der Almwiese und vor dem Haus, und nachts träumt sie unruhig. Da umringen sie wieder die Vermummten mit ihren Gewehren, und vor den Fenstern fliegen Hubschrauber wie gräßliche Insekten. Tagsüber kann sie kaum Menschen um sich ertragen. Auf dem kurzen Weg zum Bäcker fühlt sie sich angestarrt, als trüge sie ein Kainsmal des Schreckens auf der Stirn, und ihr ist unwohl, wenn hinter ihr jemand geht. Daß man auch hier über die Tunnelräuber von Berlin erzählt und ihren Coup als gewitztes Schurkenstück nimmt, mag sie nicht hören. Sie will nichts klarstellen, sie will einfach fern sein von allem. Tagelang verharrt Sigrid Nentwich in einer

Starre wie eine, die ins Eis eingebrochen ist und nach ihrer Rettung frierend unter schweren Decken hofft, daß die Wärme zurückkehrt in ihren Körper.

Franz, der Freund, vertraut ihr an, daß er sie kaum wiedererkannt hat, als sie aus dem Auto stieg, so grau und eingefallen. Unvermittelt fragt er sie, was sie jetzt gern tun wolle. Sie zögert kurz und antwortet, sie wolle Gleitschirm fliegen mit ihm. Sie zweifelt zwar, ob sie das mit den entzündeten Knien überhaupt könne, aber er ist sich sicher, wenn sie wirklich wolle, werde es gelingen. Sie fahren mit einer Seilbahn einen nahen Berg hinauf, das letzte Stück Weges folgt sie ihm humpelnd. Dann breitet er den Schirm aus, nahe am Abgrund, wo hohe Brennesseln und Disteln stehen, vertäut sie beide und schärft ihr ein, «du mußt rennen um dein Leben». Mit aller Kraft pressen sie sich beide in die Seile, bis der Wind sie erfaßt und in die Höhe trägt. Sie fühlt sich schwerelos und leicht, sieht Vögelschwärme um sich fliegen und schreit vor Glück. Ihr Mann und ihr Sohn stehen dabei unten auf der Wiese, hören ihren Schrei und befürchten, daß sie nun den Verstand verliert.

In diesen Ferien radelt Sigrid Nentwich die Wege über die Almen und Höhenzüge, wo sie früher gejoggt ist, und erweitert behutsam wieder ihren Radius. Ihr Sohn bemerkt, daß sie sich nicht mehr ins Wasser traut, daß sie fürchtet, davongerissen zu werden. Im Waldschwimmbad bleibt sie am Beckenrand, auch wenn Max bettelt, «Mama, mach doch mal wieder einen Köpper, Mensch.» Jürgen Nentwich spürt, wie sich seine Frau im Schlaf unruhig hin und her wälzt. Wenn sie nachts zur Toilette muß, bittet sie ihn, sie zu begleiten. Denn dann sieht sie sich wieder über dem Eimer in der Teeküche der Bank sitzen, hinter ihr eine vermummte Gestalt.

Als Sigrid Nentwich nach vier Wochen wieder nach Berlin zurückkehrt und sich noch immer häufig erbrechen muß und sich erstarrt fühlt, fragt sie sich, ob dieser Zustand je aufhören wird. Sie bleibt vorerst zu Hause und wird nun täglich betreut von zwei Psychologinnen, die im Auftrag der Commerzbank arbeiten und sie beruhigen, daß ihre Symptome normal seien, daß sie Geduld mit sich brauche, aber daß sie nicht mehr dieselbe sein werde wie vor der Geiselnahme. In langen Gesprächen dringt sie allmählich vor bis an die schmerzhafteste Erinnerung, an das Ausharren in atemloser Angst unter dem Schreibtisch und an den Augenblick, als sie entdeckt wurde und in einen Gewehrlauf starrte.

Eine frühere Kollegin schreibt ihr einen tröstenden Brief. Manche rufen an und wollen ihr Mut machen, und einige Freunde verschwinden von der Bildfläche. Eine langjährige enge Freundin mit der sie gemeinsame Urlaube verbracht hat, ist plötzlich wie unerreichbar. Kein Anruf, kein Brief mehr.

An manchen Tagen steht Sigrid Nentwich stundenlang reglos am Küchenfenster, blickt über die Apfelbäume und Kastanien im Garten, und Max fragt sie, «Mama, wo bist du denn schon wieder? Warum hast du schon wieder Tränen in den Augen?» Sie antwortet, «Max, weil ich einfach traurig bin». Sie kann sich von ihm nicht trösten lassen, erträgt keine Umarmung mehr. Er zieht sich still in sein Zimmer zurück, und später findet sie zertretene Plastikmännchen und Spielzeugautos unter seinem Bett.

Die Berliner Commerzbank stellt es den Opfern der Geiselnahme frei, wann sie zur Arbeit zurückkehren. Zum Ende der Sommerferien beschließt Sigrid Nentwich, wieder in die Filiale zu gehen. Da protestiert Max, als sie schon in der Tür steht, «ich will nicht, daß du da hingehst!» Er fühlt sich hundeelend und will auch nicht in die Schule gehen. Da ruft sie in der Schule an und nimmt ihn mit in die Bank, wo er sich neben sie an ihren Schreibtisch setzt und sie genau beobachtet. Sie beschließt, ihre Gefühle vor ihm zu verbergen, mit ihm wieder öfter Fußball spielen zu gehen, das Geschehen hinter sich zu lassen, auch ihm zuliebe, dem Seismographen ihrer Angst. Sie geht mal eine Stunde in die Bank, mal drei, dekoriert die Filiale mit Grünpflanzen. Es zieht sie immer wieder an diesen Ort, auch wenn sie es nie lange dort aushalten kann.

Zugleich beginnt sie, die Spuren der Geiselnahme in ihrem Leben zu verwischen. Wenn sie zur Bank fährt, legt sie immer andere Wege zurück – aber nie mehr den, den sie am Tag der Geiselnahme gefahren ist. Das weiße Leinenhemd und die blauen Shorts, die sie an dem Tag trug, wandern auf den Müll. Auch ihr Mann mag das Hemd, in dem er die Nacht in der Polizeizentrale um sie bangte, nicht mehr anziehen. Als sie wieder beginnt zu joggen, meidet sie die Wege rund um den Schlachtensee, der nahe liegt an der Filiale.

Noch viele Monate lang wird Sigrid Nentwich von Brechattacken heimgesucht, wenn sie der Schrecken einholt, aber auch in Momenten des Glücks. Mit ihrem Mann besucht sie ein Konzert von Paolo Conte in der Berliner Philharmonie. Sie sitzt in ihrem Sessel, glücklich und zu Tränen gerührt, und spürt, wie ihr übel wird, als er singt, «Max era Max...» Sie flüstert ihrem Mann zu, «ich muß ganz schnell raus. Ich halte das nicht mehr aus hier.» Sie stürzt hinaus auf die Toilette, die sie im letzten Moment erreicht. Den Weg zurück verwehrt ihr die Platzanweiserin und verweist sie auf die nächste Pause, und Sigrid Nentwich fleht die junge Frau an, «ich muß da wieder hin, das ist für mich so wichtig, aber ich will Ihnen nicht erklären, warum». Die Platzanweiserin öffnet ihr ganz leise die Tür, und Sigrid Nentwich hört den Rest des Titels noch im Stehen.

Am Silvesterabend 1995 haben Sie und ihr Mann Gäste eingeladen und ein Fleischfondue vorbereitet, obwohl sie die Vorstellung schreckt, daß Böller knallen. Als ihr Sohn durch die Wohnung tollt und sie plötzlich umarmt, reißt ihr ein Faden, und Sigrid Nentwich tobt, «Schluß, aus, Ende, ihr könnt die alle wieder ausladen, ich will keinen hier sehen». Ihr Sohn weicht zurück, blickt sie an und sagt, «nein, so nicht. Weil ich mich auf heute abend freue und weil ich aufbleiben darf.» Ihr rinnen die Tränen über die Wangen. Sie ist sich selber unerträglich. Ihr

Mann und Max gehen erst mal eine Runde um den Block, und als sie wiederkommen, sagt ihr Sohn, «Mama, es gab mal Zeiten, da hast du gerne gekocht und dabei Musik gehört und getanzt». Dann legt er seine Michael-Jackson-Kassette auf und nimmt seine Mutter in den Arm. Die beiden tanzen, und eine Last fällt von ihrem Herzen, und es ist wieder ein wenig wie in ihrem früheren Leben, das mit dem Tag der Geiselnahme weggesperrt scheint wie in einer großen Vitrine.

Ihr Mann sehnt sich zurück nach ihrem früher wortlosen Einverständnis, als sie im Freundeskreis als die siamesischen Zwillinge galten. Manchmal spricht er von «deinem Überfall», und sie sagt zornig, «denk mal drüber nach, wie können wir uns gemeinsam helfen?» Sie spürt, wie die Geiselnahme noch viele Monate danach an der gesamten Familie zehrt. Sigrid Nentwich wartet auf den nächsten Urlaub in Bayern, «meine Höhen und Tiefen abgrasen. Auf einer Alm sitzen und ein Glas frisch gemolkene Milch trinken. Und unter mir den Boden spüren.»

«Opfer bedrohen uns»

Verbrechensopfer stoßen auf Unverständnis

Was Verbrechensopfern passiert ist, können Außenstehende kaum nachvollziehen. Als einer der europaweit erfahrensten Experten für die seelischen Folgen von Kriminalität gilt der Psychotherapeut Carlo Mittendorff, Leiter des Utrechter Instituts für Psychotrauma. Diese Art Krisenambulanz, wie es sie in Deutschland noch nicht gibt, betreut die Betroffenen von Geiselnahmen und Banküberfällen, Bränden und Verkehrsunfällen.

Die Experten des Instituts arbeiten mit ihnen nicht die Lebensgeschichte auf, sondern helfen gezielt, das traumatische Erlebnis zu verarbeiten – und das mit Erfolg. Die Abbruchquote liegt unter zwei Prozent.

In Fernsehkrimis erleben wir täglich Täter in Aktion, und im Alltag sind sie es, die Schlagzeilen machen. Über die Opfer wird kaum gesprochen. Woran liegt das?

Opfer gelten als Verlierer. Opfer haben nichts Heldenhaftes. Opfer bedrohen uns auch. Sie wecken den beunruhigenden Gedanken, dergleichen könnte uns auch passieren. Wir leben in einer Fata Morgana der Sicherheit. Wir glauben, unser Leben im Griff zu haben, daß wir vielleicht 80 Jahre alt werden und im Schlaf sterben. Opfer wecken den Zweifel an dieser Sicherheit, und das macht angst.

Daher reagieren Außenstehende auf Opfer häufig abweisend und geben ihnen eine Mitschuld an der Tat. Die Illusion, die diesem Verhalten zugrunde liegt, ist: Die Opfer sind dumm gewesen, darum hat es sie getroffen. Ich bin nicht dumm, mir wird das nicht passieren.

So haben natürlich auch viele Menschen gedacht, bevor sie selbst Opfer wurden. Die meisten meiner Klienten sagen, vor der Tat hätten sie zwei Dinge geglaubt – mir geschieht das nicht, und wenn es sich doch ereignete, würde mir das wenig ausmachen. Wenn sie dann zu mir kommen, müssen sie feststellen, daß sie sich in beiden Punkten geirrt haben.

Auffällig ist, daß viele Opfer lieber über ihre Erfahrungen schweigen.

Das ist eine Reaktion auf die Möglichkeit, daß man ihnen eine Schuld zuweist, ihr Leiden bagatellisiert oder Witze darüber reißt. Dieses Verhalten hat einen zweiten Grund: Reden weckt die Erinnerung. Davor haben die Opfer Angst, denn es bringt wieder all die schrecklichen Gefühle hoch. Die zentrale Hypothese über das Leid der Traumatisierten lautet, daß sie eine Phobie vor der traumatischen Erinnerung haben.

Die Angst vor der Angst?

Die Angst vor der Erinnerung. Und die Erinnerung bringt Angst und ein starkes Gefühl von Machtlosigkeit mit sich.

Was tun Sie, um Verbrechensopfern ihre Angst zu nehmen?

Wir reden ausführlich mit ihnen, was passiert ist, was am meisten weh getan hat, was sie am meisten beeindruckt hat. Wir lassen sie die Geschichte des Ereignisses aufschreiben. Und wir legen Wert darauf, daß die Opfer soviel wie möglich damit beschäftigt sind, daß sie mit anderen darüber sprechen und darüber nachdenken. Es ist nicht sinnvoll, zu verdrängen und so zu tun, als sei nichts passiert.

Verbrechensopfer möchten den Schrecken hinter sich lassen. Sie rühren an den schmerzhaftesten Punkt der Erinnerung. Warum?

Das Kernproblem ist die traumatische Erinnerung. Der Klient war in einer Situation ganz ängstlich und ganz machtlos. Für ihn ist es sehr unangenehm, wieder daran zu denken. Also vermeidet er die Erinnerung. Doch damit kann er sie nicht auslöschen, und sie wirkt untergründig weiter. Also ist in der Therapie entscheidend, diesem Klienten zu helfen, mit der Erinnerung beschäftigt zu sein. Dann hat er auch wieder die Gefühle, die mit dem Ereignis verbunden sind. Erst dadurch können sie beruhigt werden.

Gefühle werden weniger, wenn man sie haben kann. Das gehört zu unseren Grunderfahrungen. Wenn jemand wütend ist und das aussprechen kann, wird die Wut so geringer. Wenn jemand traurig ist und weinen kann, läßt die Traurigkeit nach. Das versuchen wir auch in der Therapie zu erreichen, indem wir über das Ereignis reden und auf den schwersten Moment der Traumatisierung zurückgehen. Damit wecken wir zunächst starke Gefühle, aber letztlich werden sie geringer.

Betreiben Sie so etwas wie Schocktherapie?

Nein, denn es wird Schritt für Schritt und auf eine humane Weise gemacht. Man versucht nicht, einen Klienten aus seinem posttraumatischen Zustand herauszuschocken, sondern man versucht, mit ihm seine Vermeidung zu ändern. Diese Menschen probieren erfahrungsgemäß auf verschiedene Weise, nicht an das Ereignis erinnert zu werden, nicht darüber nachzudenken. Das versuchen wir in der Therapie, Schritt für Schritt und behutsam zu ändern.

Sie bieten eine sogenannte strukturierte Betreuung von Opfern an und auch Psychotherapie. Worin besteht der Unterschied?

Die strukturierte Betreuung umfaßt drei oder vier Gespräche innerhalb von drei Monaten nach dem Unfall oder dem Verbrechen. Die Betreuung setzt so früh an wie möglich, oft schon am Tag nach der Tat. Eine Therapie ist intensiver. Therapie beginnt meist erst drei Monate nach dem Verbrechen, umfaßt zehn bis fünfzehn Gespräche im wöchentlichen oder zweiwöchentlichen Rhythmus, beginnt mit Übungen zur Entspannung und Körperbeherrschung, und sie hat einen anderen Zweck.

Das Ziel der Betreuung ist vorzubeugen, damit eine posttraumatische Streßstörung gar nicht erst entsteht. Wenn dies nicht gelungen ist, soll die Therapie die posttraumatische Streßstörung heilen.

In der Betreuung sprechen Sie mit den Opfern, in der Therapie beginnen Sie mit Entspannungs- und Körperübungen. Warum?

Das ist darum sinnvoll, weil traumatisierte Menschen ihren Körper nicht mehr unter Kontrolle haben. Sie sind häufig erregt, wenn sie beispielsweise jemanden sehen, der dem Täter ähnelt. Dann reagiert und verspannt sich der Körper. Es ist sehr wichtig, die Kontrolle über den eigenen Körper zurückzugewinnen. Mit einem Streßmanagementtraining wird der Klient befähigt, sein Leben und seinen Körper einigermaßen wieder zu kontrollieren.

Wenn ein Mensch Angst hat, ist es doch vielleicht sinnvoll, sie zu spüren.

Schon, aber das Problem ist, daß der Klient zuviel Angst spürt und daß er Angst hat vor Menschen und Dingen, vor denen er keine Angst zu haben bräuchte. Eine Klientin arbeitete in einem Postamt, das überfallen worden war. Danach hatte sie so viel

Angst, daß sie dort nicht mehr arbeiten konnte. Aber auch zu Hause saß sie den ganzen Tag am Fenster und blickte auf die Straße, ob sich jemand ihrem Haus näherte. Sie war ständig damit beschäftigt zu kontrollieren, ob die Tür gut verschlossen war. In so einem Fall hat Angst keinen Zweck. Angst ist im Normalfall der Gefahr angepaßt. Wenn die Angst zu stark wird, wirkt sie zerstörerisch.

Lassen Sie in der Therapie die Lebensgeschichte beiseite und konzentrieren sich auf das Verbrechen?

Ich konzentriere mich auf das Verbrechen. Wenn man als Therapeut zu früh oder zu intensiv zur Vorgeschichte und zur Kindheit fragt, vermittelt man dem Opfer einen Zweifel daran, daß das traumatische Ereignis die Wurzel des Problems ist. Dann vermittelt man vielmehr, daß das Problem offenbar in der Kindheit liegt. Verbrechensopfer, die im Erwachsenenalter traumatisiert wurden, reagieren darauf sehr stark. Sie sagen, mir ging es gut, bis ich dieses Verbrechen erlebt habe, seitdem habe ich großen Kummer. Ich träume von der Tat und nicht von meiner Kindheit. Ich habe Angst vor der Bank und nicht vor meinen Eltern. Manchmal allerdings kommen Fragen dazu, ob vielleicht andere Dinge im Leben passiert sind, aus denen heraus man verstehen kann, daß das Verbrechen einen so tiefen Eindruck hinterläßt. Beispielsweise wurde bei einem Banküberfall ein Kunde als Geisel genommen. Er war einer von zehn Menschen, die in der Bank waren. Ein Teil seines Erlebens war, ich war mal wieder dran. Es mußte mich ja mal wieder erwischen. Ich bin immer der Verlierer.

Als wir auf diesen Aspekt eingingen, erzählte er, daß er aus einer Familie mit zehn Kindern stammte und der Prügelknabe war. Jetzt war es wieder geschehen. Diese individuelle Bedeutung eines traumatischen Ereignisses wird dann besprochen, wenn der Klient es wünscht.

Viele Menschen wollen über traumatisierende Erfahrungen nicht sprechen. Ist es in jedem Fall wichtig, sofort das Gespräch zu suchen?

Man kann etwas nicht verarbeiten, wenn man noch in Gefahr ist. Menschen beispielsweise, die aus Kriegsgebieten fliehen, sind in einer psychischen Ausnahmesituation, in der sie sich gegen viele Gefühle abschließen. In Gefahr ist es nicht gut, wenn man zuviel fühlt, dann braucht man alle Energie für das Überleben. Auch kann man dann etwas nicht verarbeiten, solange unklar ist, was man verloren hat. Darum ist die Trauer um vermißte Personen so schwierig. Die Angehörigen können erst trauern, wenn sich bestätigt, daß der Vermißte tot ist. Aber grundsätzlich gilt: Je früher und je intensiver Opfer über ihren Schrecken sprechen können, desto besser ist es für sie.

Wenn man bei Verbrechensopfern eine posttraumatische Störung erkennt – bedeutet dies, daß sie krank sind?

Diese Menschen haben großen Kummer, und sie sind in ihrem beruflichen und sozialen Leben ernsthaft beeinträchtigt. Und ich meine, man darf das nicht voreilig psychiatrisieren. Es war ein Fortschritt, daß das Problem der posttraumatischen Belastungsstörung im psychiatrischen Berufsstand erkannt wurde, aber man soll nicht Leute zu schnell zu Patienten machen. Im «Handbuch der Amerikanischen Psychiatrischen Vereinigung» ist auch eine akute Streßstörung beschrieben. Ich bin damit nicht einverstanden. Denn daß jemand stark reagiert auf ein traumatisches Ereignis, halte ich für normal. Von einer Störung ist meiner Meinung nach erst zu sprechen, wenn sie nach drei Monaten noch nicht abgeklungen ist.

Heilt die Zeit nicht alle Wunden?

Nein. Selbst wenn der Schmerz mit der Zeit verblaßt, bleiben doch Narben zurück. Diese Wunden, die vom Leben geschlagen werden, die traumatischen Wunden kann man nicht einfach vergessen, sie bleiben noch lange spürbar. Immer wenn man daran erinnert wird, wenn man damit konfrontiert wird, dann verursacht das wieder sehr starke Gefühle, noch viele Jahre danach.

Posttraumatische Leiden gehen nach dem gängigen Verständnis der Seelenheilkunde zurück auf Gewalterfahrungen, letztlich die Konfrontation mit dem Tod. Dabei empfinden viele Menschen beispielsweise auch einen Wohnungseinbruch als ganz massiven Eingriff in ihr Privatleben, manche reagieren darauf ebenso stark wie Gewaltopfer.

Das ist in der Tat so. Ich habe mal mit einer alten Dame gearbeitet, der hatte einer auf der Straße ihre Tasche gestohlen. Da waren zehn Gulden drin und eine Konzertkarte. Verletzt wurde sie nicht. Aber dann kam sie ins Grübeln und dachte, eigentlich sei sie ganz wehrlos auf der Straße. Sie hatte nie gedacht, daß ihr so etwas passieren könnte. Dadurch wurde sie ängstlich und hochgradig verunsichert.

Manche würden mutmaßen, das sei nicht das Problem dieser Tat, sondern einer Überängstlichkeit.

Meine Klientin hatte keine Angstprobleme, bevor dies geschah. Es kann immer sein, daß Verbrechensopfer besonders empfindlich reagieren, weil sie bereits vorher angstbelastete Erfahrungen gemacht haben. Aber ihr Leiden wird ausgelöst durch die Tat. Es sind Menschen, die ihr Leben gelebt hätten ohne Angst und ohne Probleme, wenn das Verbrechen nicht passiert wäre.

Sehr häufig wird die für Opfer verletzende These ausgesprochen, es gebe das typische Opfer und viele der Betroffenen seien selber schuld.

Ich habe sehr selten zu tun gehabt mit Menschen, die beispielsweise mehrmals Opfer eines Straßenraubs wurden. Ich habe einen Mann vor Augen, der sehr gut gekleidet war und wohlhabend aussah. Er ging oft in Gedanken versunken spazieren, blickte beim Gehen auf den Boden und war sehr dick. Straßenräubern schien er ein leichtes Opfer zu sein. Solche Fälle sind aber sehr selten und nicht typisch. Eher passiert es, daß Menschen mehrfach Opfer werden, weil sie beispielsweise als Bankangestellte arbeiten oder als Kaufhausdetektive.

Der Psychologe Erwin Straus schreibt, entscheidend sei nicht das Tatgeschehen an sich, sondern das Erlebnis.

Entscheidend sind tatsächlich die Gedanken und die Gefühle während der Tat – ob man sich in Gefahr, besonders in Lebensgefahr fühlt, ob man ein starkes Gefühl von Machtlosigkeit und von Abscheu spürt. Diese drei Elemente können ein Ereignis zum traumatisierenden Erlebnis machen. Und viel hängt davon ab, wie die Umwelt reagiert. Klienten sagen mir oft, es war schrecklich, was passiert ist, aber eigentlich war das nicht das Schlimmste. Das Schlimmste war, wie etwa die Kollegen reagiert haben.

Verbrechensopfer, die Anzeige erstatten, haben meist den ersten Kontakt mit der Polizei. Was sollten Polizisten dabei beachten?

Sie sollten die Opfer ernst nehmen, ihnen nie die Schuld geben und ihnen Interesse widmen.

Wie ist das zusammenzubringen mit dem Rollenverständnis von Polizisten? Sie müssen die Aussage des Opfers kritisch prüfen.

Nach Banküberfällen schicken Versicherungen oft Inspekteure, nicht selten pensionierte Polizisten. Sie verhören die Opfer sehr kritisch. War es nicht Ihre eigene Schuld, fragen sie, hatten Sie kein Alarmsystem, hatten Sie die Tür verschlossen, all solche Fragen. Dieses Mißtrauen ist für die Opfer ein Erlebnis, das sie häufig mehr beeindruckt als die Tat.

Die Polizei muß ihre Arbeit machen, aber wenn man den Opfern beschuldigend, kritisch und mißtrauisch begegnet, ist das für sie belastend. Dann werden sie auch für die Polizei keine große Hilfe mehr sein.

Was halten Sie davon, wenn die Polizei Verbrechensopfer routinemäßig an Beratungsstellen weiterverweist?

Es ist für die Opfer gut, wenn sie rasch nach der Tat betreut werden. In den Niederlanden gibt es eine Organisation, die dem Weißen Ring in Deutschland ähnelt. Sie heißt Opferhilfe, und dort arbeiten Freiwillige mit der Polizei zusammen. Jedes Verbrechens- oder Unfallopfer bekommt von der Polizei angeboten, mit einem Mitarbeiter der Opferhilfe in Kontakt zu treten. Ich glaube, das ist sehr gut.

Einige Menschen, die das Verbrechen hinter sich gelassen haben, ohne zu verdrängen, berichten sogar, daß sie fortan bewußter leben.

Das höre ich oft von traumatisierten Menschen – aber nur, wenn die Therapie erfolgreich war und die Verarbeitung gut gelungen ist. Sie sagen, es ist schrecklich, was mir passiert ist. Es hat mir sehr viel Kummer bereitet. Aber ich habe auch etwas daraus gelernt. Allerlei Dinge, die mich früher belastet haben, machen mir nun nicht mehr so viel aus.

Andere Menschen betonen, daß sie vor der Tat alles auf später verschoben hatten und nur mit ihrer Arbeit beschäftigt waren und daß sie nun den Augenblick mehr genießen. Die Begegnung mit dem Tod war für sie der Anlaß, einen Schlußstrich unter manche Ambitionen zu ziehen. Ein holländischer Journalist wurde von Terroristen als Geisel genommen. Er hatte bis dahin hart an seiner Karriere gearbeitet, aber seine Ehe war kurz vor dem Scheitern. Als er in Todesangst in der Gewalt der Geiselnehmer ausharrte, wurde ihm bewußt, was ihm wichtig war. In diesem Zug verlor er seinen Ehrgeiz. Nach seiner Befreiung wandte er sich seiner Familie wieder stärker zu. Seine Frau sagt, ich bin durch diese Geiselnahme reicher geworden, wenn das nicht passiert wäre, hätten wir uns getrennt. Durch dieses Ereignis, sagt sie, haben wir uns wieder gefunden.

Wenn die eigene Wohnung zur Falle wird

Gefangen im Schweigen

*Die Geschichte von Gisela Schäfer und ihrer
unaussprechlichen Furcht*

Es ist ein naßkalter Januartag. Über die Chaussee flutet der Feierabendverkehr, es dämmert. Ein Mann sitzt in seinem Wagen und wartet. Er beobachtet das Haus gegenüber, den Autosalon im Erdgeschoß, den Parkplatz, in trübes Scheinwerferlicht getaucht. Er wird von der Polizei als Kopf einer Autoknackerbande gesucht.

Doch diesen Abend locken ihn nicht die chromglänzenden Neuwagen. Er starrt auf die mannshohen, halbrunden Fenster im ersten Stock. Dort ist der Verein für Seniorenbetreuung untergebracht. Von außen sieht der Mann zwei Mitarbeiter des Vereins, einen jüngeren Mann und den Geschäftsführer Wolfgang Schäfer. Es ist kurz vor fünf Uhr nachmittags.

Zur selben Zeit bereitet Gisela Schäfer in ihrer Wohnung in Hamburg-Bahrenfeld den Kaffeetisch vor, deckt das weiße Service mit den Röschen auf und stellt Kerzen auf den Tisch. Sie ist die erste Vorsitzende des Pflegevereins. Das Kaffeetrinken mit ihrem Mann ist zur festen Gewohnheit geworden, die Schäfers besprechen, was tagsüber passiert ist, ob am Abend noch jemand zu besuchen oder ob Korrespondenz mit den Krankenkassen zu erledigen ist. Gisela Schäfer fragt telefonisch bei ihrem Mann an, wann sie den Kaffee aufbrühen soll. «Mach nicht mehr so lang», bittet sie ihn.

Sie sorgt sich um ihren Mann, der ein eisernes Pflichtbewußtsein hat, obwohl er schwer krank ist. Eines Tages ließ er sich in die Wohnzimmercouch fallen, so starr und keuchend, daß sie fürchtete, er würde ersticken. Dann stieß er «einen Todesschrei» aus, sagt sie, «als wenn er von einem Hochhaus geworfen würde». Dieser Schrei steckt ihr noch heute in den Knochen. An jenem Tag vor zwanzig Jahren erlitt Wolfgang Schäfer seinen ersten epileptischen Anfall. Da verlor er das Gedächtnis.

Seine Frau, die ihn morgens und abends im Krankenhaus besuchte, fragte er, «wieso bist du die ganze Woche nicht hiergewesen?» Wenn der Pastor kam, in dessen Gemeinde er sechs Jahre lang Kirchenältester gewesen war, grübelte Schäfer nachher: «Wer war das, kannte ich den?» Als er endlich wieder nach Hause durfte, hatte er vergessen, wo das Bad war.

Zweieinhalb Jahre lang blieb er zu Hause, seine Frau arbeitete als Altenpflegerin und zog die drei Söhne groß. Von jedem Altenbesuch aus rief sie ihren Mann an, in der bangen Erwartung, er könnte wieder starr und leblos zusammengefallen sein. Schleppend gewann Schäfer das Gedächtnis zurück, auch wenn die Erinnerung an viele Jahre seines Lebens ausgelöscht blieb. Seinen Beruf als Bevollmächtigter einer Versicherung mußte er aufgeben und bereitete sich zu Hause auf eine Prüfung in Buchhaltung vor. Er lernte bis in die Nacht und bestand die Prüfung. Seine Frau und er gründeten den Verein für Seniorenbetreuung, der bald schon mehr als fünfzig Mitarbeiter zählte. Die Schäfers faßten wieder Mut. Gisela Schäfer empfand allerdings, daß sie seitdem die Stärkere sein mußte von beiden. Manchmal betete sie, «lieber Gott, steh mir bei, so breit sind doch meine Schultern nicht».

Regen prasselt gegen die Bürofenster. In den Vereinsräumen beendet Schäfers Kollege, ein junger Krankenpfleger, der die Einsätze koordiniert, seinen Dienst und geht. Auch Schäfer hat seine Arbeit abgeschlossen, aber er hat einen neuen Aktenschrank geliefert bekommen. Den will er noch auspacken und montieren. Das wird sein Verhängnis.

Der Mann, der im Dunkeln späht, weiß, daß Schäfer jetzt allein ist. Der Mann ist vorbereitet. Er trägt eine Pistole, Klebeband, eine Maske und Handschellen bei sich. Er hat einen Tip bekommen, daß im Tresor des Vereins oben im ersten Stock eine ansehnliche Summe Geld liegt und daß er keinen Widerstand zu erwarten hat. Er wartet noch ein paar Minuten. Dann überquert er die siebenspurige Straße, geht vorbei an den Buchsbäumchen in Betonkübeln und stößt die Haustür auf. Der Filz auf den Treppenstufen schluckt seine Schritte. Der Mann streift sich die schwarze Motorradmaske über und klingelt. Es kommt häufig vor, daß einer der Vereinsmitarbeiter abends Unterlagen vorbeibringt. Schäfer sieht nicht durch den Spion und öffnet arglos die Tür. Er sieht den Maskenmann mit erhobener Pistole auf sich zukommen und schreit. Der Fremde drängt ihn zurück und wirft die Tür zu. Noch ein Wort, droht er, und «ich knall dich ab». Er befiehlt Schäfer, sich bäuchlings auf die Erde zu legen, und fesselt ihn mit Handschellen. Er tritt ihm in die Seite, stößt ihm die Pistole in den Rücken und schleift ihn über den rauhen Büroboden zur Teeküche. Er fesselt sein blutendes Opfer am Kühlschrankgriff und verlangt den Tresorschlüssel. Dann umwickelt er Schäfers Mund mit einem Paketband.

Der Schlüssel liegt in einem der Hängeordnerschränke im Büro. Die Schubladen scheppern auf und zu. Der Fremde findet schließlich den Schlüssel, streift die Maske ab und öffnet den silbernen Tresor, der in der Ecke steht, läßt Akten und Papiere auf den Boden prasseln und findet 10000 Mark Bargeld. Das wollte Schäfer als Weihnachtsgratifikationen an Vereinsmitarbeiter auszahlen. Schäfer liegt auf dem Boden in der Küche und horcht. Er glaubt an keine Rettung. Sein Kopf ist bleiern schwer vor Furcht. Da klappt die Bürotür zu.

Als der Fremde ins Treppenhaus tritt, kommt die junge Zahnärztin aus ihrer Praxis, die neben dem Vereinsbüro in derselben Etage liegt. Sie hat Schäfers Schrei gehört und sofort die Polizei alarmiert. «Was ist denn los?», fragt sie. «Gar nichts», sagt der

Fremde gleichmütig und geht. Vor dem Haus empfangen ihn zwei Polizisten mit gezogenen Waffen, werfen ihn auf die Motorhaube, nehmen ihm die Pistole und seine Beute ab und bugsieren ihn in den Fond des Wagens. Oben im Haus liegt Wolfgang Schäfer blutend und gefesselt. Doch die Hamburger Beamten sehen keinen Grund, den Tatort zu inspizieren. An ein mögliches Opfer verschwenden sie keinen Gedanken. Sie fahren mit dem Täter zum Polizeirevier. Ende einer Dienstfahrt.

Weil Schäfer zarte Handgelenke hat, kann er sich aus der Fessel entwinden und wankt zur Tür. Der Zahnärztin, die noch im Treppenhaus steht, fällt er in die Arme. Sie ist es auch, die seine Frau kurz darauf informiert, daß etwas Schreckliches passiert sei, daß ihr Mann überfallen wurde und nun auf dem Weg zum Krankenhaus sei. Da kriecht in Gisela Schäfer die Angst hoch, daß alles vorbei sein könnte. Eine Angst, die nicht erst seit dem epileptischen Anfall ihres Mannes in ihr lauert, sondern die sie schon seit ihrer Kindheit spürt, über die sie nie hat sprechen mögen, sie, die immer starke und selbstbewußte Frau.

Gisela Schäfer war vier Jahre alt, als sich ihre Mutter vom Vater trennte, der Steward war auf den Schiffen der Hamburg-Amerika-Linie und die Familie mit seinem Jähzorn verfolgte. In eine Scheidung willigte er nicht ein. Während des schwebenden Verfahrens bezog die Mutter eine Kammer bei einem Fischhändler, für den sie arbeitete gegen Kost und Logis. Damals kamen Gisela Schäfer und ihre vier Geschwister in ein Waisenhaus, wo sie mit 24 Kindern in einem Saal schlief. In der Mitte des Saals stand ein Toilettenhäuschen, das nach acht Uhr abends kein Kind mehr benutzen durfte. Als ihr jüngster Bruder wimmernd ins Bett machte, kroch sie zu ihm, wofür es anderntags Schläge gab.

Gisela Schäfer wurde zum Liebling der Erzieherinnen. Die holten das Mädchen abends aus dem Bett und ließen sie mit ihrer kristallklaren Stimme Schlager der dreißiger Jahre vorsingen. Ein Lied war ihr besonders im Gedächtnis geblieben, weil es sie an ihre Mutter erinnerte: «Laß die Frau, die dich liebt, niemals weinen, denn sie weint ja aus Liebe zu dir. Laß die Sonne des Glücks für sie scheinen, denn sonst weinst du eines Tages auch um sie.»

Das Waisenhaus stand unter dem Regiment einer Aufseherin namens Fräulein Adler. Wenn Gisela Schäfer von ihrer Mutter eine Tafel Schokolade zugesteckt bekam, ließ die Aufseherin die Schokolade erst herumgehen unter den Kindern, die niemanden hatten. Oft war für die Beschenkte selber nur noch das leere Stanniolpapier übrig. «Hat auch was für sich», meint Gisela Schäfer heute, «so habe ich gelernt zu teilen.» Sie wollte dem gestrengen Fräulein nicht den Gefallen tun, enttäuscht zu sein, und verbarg ihren Groll auch vor sich selbst. Seitdem zog sie ihr Selbstbewußtsein daraus, Kämpfe für andere zu fechten. Für sich selbst nichts zu wollen machte sie unangreifbar.

Nach anderthalb Jahren kam sie zu Pflegeeltern in ein kleines Dorf bei Hannover, bis ihre Mutter gemeinsam mit der Großmutter eine kleine Wohnung fand, dem Jugendamt ein Federbett für jedes ihrer fünf Kinder nachweisen konnte und so das Sorgerecht zurückgewann. Die beiden Frauen verdienten ihr Geld zu Hause mit Näharbeiten. Abends kroch Gisela Schäfer wie im Waisenhaus zu ihrem kleinen Bruder ins Bett und stieß ihn an, damit er nicht einschlief. Das Rattern der Nähmaschinen bis tief in die Nacht hatte nichts Beruhigendes. Die Dunkelheit barg eine seelenlose Angst. Wie ein Schatten klebte diese Angst seitdem an ihren Fersen. «Deswegen», sagt sie, «trete ich immer die Flucht nach vorne an, damit keiner merkt, wenn ich Angst habe.»

Als Gisela Schäfer am Abend des Überfalls alarmiert wird, fährt sie mit dem Taxi zur Universitätsklinik Eppendorf. Eine endlose halbe Stunde lang dauert es, bis der Taxifahrer endlich in das weitverzweigte Klinikgelände einbiegt. «Notaufnahme» leuchtet ihr rot entgegen. Durch einen von hohen Milchglaswänden bewehrten Gang eilt sie in die Eingangshalle. Unwirsch weist ihr jemand den Weg zum Warteraum. Da ist niemand, der sie beruhigt, der ihre Hand hält oder ihr einen Kaffee anbietet. Sie versinkt in einen blauen Sitz aus Blech und Plastik und fühlt sich in dem kalten, neongrauen Flur wie in einer Leichenhalle. Neben ihr streiten sich der Vater und die Mutter eines kleinen Mädchens, das mit einer Vergiftung eingeliefert wurde. «Konntest du nicht aufpassen», fährt er sie an. «Warum kommst du auch so spät?» raunzt sie zurück.

Als Gisela Schäfer an diesem Abend endlich zu ihrem Mann findet, flüstert er ihr zu, «es ist nicht so schlimm». Er trägt einen Kopfverband, und seine linke Wange ist rot angeschwollen. Seine Frau erschrickt, als sie in sein Gesicht blickt. Darin sieht sie weder den Schrecken des Überfalls noch Erleichterung, gerettet zu sein. Das Gesicht ihres Mannes hat etwas merkwürdig Abwesendes.

Gleich nach der ambulanten Behandlung fahren sie zum Büro und treffen dort zwei Kripobeamte, die sich Eintritt zur Spurensicherung verschafft haben. Sie bitten um Geduld und wollen anschließend noch Wolfgang Schäfer vernehmen, der ratlos an der Tür stehengeblieben ist. Die Eheleute treffen sich mit ihrem jüngsten Sohn und dessen Freundin und gehen in ein vis à vis gelegenes gutbürgerliches Restaurant. Wolfgang Schäfer verdeckt seine zerschundene Wange und das blutunterlaufene Auge mit der Hand.

Auch seiner Frau ist Schäfers Erscheinung peinlich, als hafte sie an ihm wie der Makel eines Absturzes aus einem wohlsituierten Leben in die Verzweiflung, ein bei Jägerschnitzel und Bier im Grunde unzumutbarer Anblick. «Entschuldigen Sie, das ist mein Mann», erklärt sie der Kellnerin, «nicht daß Sie denken, was kommen da für Leute, er ist überfallen worden.» Und sie bittet für ihn um einen Strohhalm, damit er trotz der aufgeschwollenen Lippen etwas Tee trinken kann. Schäfer muß lange warten, bis der Tee so abgekühlt ist, daß er in seinem wunden Mund nicht mehr schmerzt. Seine Frau und der Sohn versuchen ihn zu trösten. «Das wird schon wieder», sagen sie, «wir schaffen das», und jeder Satz scheint sowenig zu passen wie Baldriantropfen für einen Schwerverletzten.

Nach anderthalb Stunden gehen sie hinüber zur Kriminalpolizei, wo die zwei Beamten, die sie vorher im Büro gesehen haben, Schäfer befragen wollen. Gisela Schäfer fragt, ob sie ihren Mann begleiten dürfe. «Mein Mann ist krank, und Sie sehen ja, daß er unter Schock steht.» Doch die Beamten winken ab. Zwei Stunden lang vernehmen sie ihn, während Gisela Schäfer mit ihrem Sohn in abgestandener Zigarettenluft im Flur sitzt, auf eine Wand blickt, an der kein Bild hängt, kein Kalender, nicht einmal ein Fahndungsplakat, und fürchtet, daß ihr Mann einen Anfall bekommt. Und sie denkt, wie schön es jetzt wäre, in Ohnmacht zu fallen, doch sie bleibt starr sitzen, müde, durstig und verängstigt, zwei Stunden lang, in denen sie sich nicht vorstellen kann, was die Beamten alles von ihrem Mann wissen wollen, der kaum mehr ein Wort herausbringt.

Als sie ihn schließlich herausgeleiten, bittet einer der Kripobeamten, daß sie ihn noch fotografieren dürfen. Da wird seine Frau zornig: «Sind Sie noch bei Sinnen? Der kann doch kaum noch auf seinen Füßen stehen.» Da erwidert der Beamte, es wäre wichtig für die Gerichtsverhandlung, weil sich das Gericht sonst vom Zustand des Opfers, wenn später die Verletzungen abgeklungen seien, kein Bild mehr machen könne. Die Familie läßt auch diese letzte Prozedur des Abends über sich ergehen und fährt nach Hause. Gisela Schäfer gibt ihrem Mann Beruhigungstabletten, damit er endlich schlafen kann, und setzt sich mit ihrem Sohn an die noch unberührte Kaffeetafel vom Nachmittag. Die beiden bleiben auf bis nachts um vier, und als es nichts mehr zu tun gibt, beginnt Gisela Schäfer zu zittern.

Am frühen Morgen fährt sie ins Büro, räumt die Papiere zusammen, die auf dem Boden verstreut liegen, und erschrickt, als sie die Maske findet, schwarz mit rot geränderten Augenschlitzen, als hätte ein riesiges Insekt seine Haut abgeworfen. In den herausgerissenen Akten vor dem Tresor entdeckt sie auch ein Geldbündel und fragt sich, was die Kripobeamten während der anderthalbstündigen Spurensicherung eigentlich getan haben.

Bevor Gisela Schäfer Geschäftsführerin des Betreuungsvereins wurde, leitete sie ein Seniorenzentrum des Roten Kreuzes und arbeitete als Altenpflegerin für eine Kirchengemeinde. Vielen alten Menschen stand sie an ihrem Lebensende bei. Der Tod hat sie nicht geschreckt. Geduldig harrte sie aus, hielt den Sterbenden die Hand, und wenn es hoffnungslos war, gaukelte sie keine Aussichten auf Genesung vor, sondern versprach, bis zuletzt zu bleiben. Als aber ihre eigene Mutter an Darmkrebs litt und sie die Sterbende zu sich nach Hause nahm, mied sie das Gespräch über den Tod. «Rehlein», sagte ihre Mutter, «ich weiß, daß ich sterben muß, und du weißt es auch.» Gisela Schäfer wandte sich ab und hat, als hätte sie nichts gehört. Dabei hat sie den Satz noch heute im Ohr und folgert, «also bin ich doch nicht so mutig». Offenbar ist sie anderen eine bessere Trösterin als sich selbst.

Seit dem Tod der Mutter besucht sie alle paar Wochen das mit Veilchen geschmückte Grab auf dem kleinen Friedhof in Hamburg-Rahlstedt. Dann redet sie mit ihrer Mutter über alles, was sie bedrückt. Sie ist überzeugt davon, daß sich kein Mensch je ganz auflöst, daß am Grab etwas zurückgeblieben ist. Dies ist ihr Ort, sich den Kummer von der Seele zu reden. Auch von dem Überfall erzählt sie leise. «Mutti, ich hoffe, daß du es nicht gesehen hast.»

Nach der Tat bekunden die Bekannten der Familie ihr Mitgefühl. Unfaßbar, daß es gerade Schäfer traf, den gutmütigsten Menschen, den sie kennen. Dabei erhalten die Gespräche rasch eine abgeklärte Note. Es sei ja auch kein Wunder, heißt es, bei der laxen Polizei, bei den milden Gesetzen. Das Entsetzen verblaßt hinter der allgemeinen Litanei. An dieses Bedauern der Umstände, denen etwas Zwangsläufiges anzuhaften scheint, knüpft sich nur selten die Frage, wie es der Familie gehe, ob sie womöglich Hilfe brauche, und Gisela Schäfer ist auch bemüht, keinen Anlaß für besorgte Fragen zu geben. Sie will nicht klagen, als sei dies der Beginn davon, sich selbst aufzugeben. «Ich hole einmal tief Luft und sage, auf ein neues. Ich habe viele Aufgaben, Arbeit ist eine recht gute Medizin.»

Doch sicher fühlt sich Gisela Schäfer nicht mehr. Bevor sie ihre Wohnungstür im siebten Stock eines Hochhauses in Hamburg-Bahrenfeld öffnet, sondiert sie zunächst, ob jemand im Hausflur steht. Blickt prüfend ins Treppenhaus. Schließt rasch auf und läßt nicht wie früher die Wohnungstür geöffnet, während sie sich die Straßenschuhe auszieht. Beruhigt ist sie erst, wenn der schwere Eisenriegel, den die Schäfers in stillem Einverständnis an die Wohnungstür montiert haben, hinter ihr einrastet. Wenn Gisela Schäfer allein ist in der Wohnung, reichen nicht einmal der Riegel und das Schloß mehr aus. Dann schiebt sie einen Eichenstuhl unter die Klinke und kommt sich lächerlich dabei vor. «Man muß irgendwie hoffen, daß es gutgeht. Aber man sollte sich wirklich von dem Gedanken lösen, daß man in unserer Gesellschaft Schutz bekommt.»

Früher besuchte Gisela Schäfer häufig die Oper. Heute tut sie das nur noch selten und legt dabei alle ihre Ringe ab, nimmt ein Taxi und fürchtet die letzte Etappe des Heimweges im Dunkel der Büsche und Garagen. Selbst das Wochenendhaus, früher Ort wohligen Rückzugs, ist ihr unheimlich geworden. Abends bittet sie ihren Mann, die Vorhänge zuzuziehen, und sagt, dann sei es wärmer. Aber sie denkt, es könnte jemand durch das Fenster schießen. Sie hat ihn gebeten, ihr ein Funktelefon zu kaufen, damit man behaglich auf der Terrasse sitzen bleiben könne und nicht hineinlaufen müsse, wenn jemand anruft. Aber sie braucht es als ständigen Notrufmelder, den sie immer bei sich tragen kann, selbst im Schlafzimmer, dessen Tür sie nachts zusperrt.

Wenn Wolfgang Schäfer einschläft, sagt er, kommt die Angst. Nacht für Nacht. Er brauche doch keine Angst zu haben, solange sie da sei, erwidert seine Frau. «Damit blocke ich das schon ab. Ich ziehe das ein bißchen – nicht ins Lächerliche, aber ich gebe mich locker, ein bißchen burschikos.» Wenn er aus schweren Träumen schweißnaß aufwacht und in manchen Nächten zweimal den Pyjama wechselt, wenn er rauchend im dunklen Wohnzimmer sitzt, dann hält sie das für Schwäche. «Man sollte versuchen, in die Sonne zu gucken und nicht ins Mauseloch.» Aber auch ihr eigener Schlaf ist unruhig geworden, vom leisesten Geräusch wacht sie nachts auf, und wenn ihr Mann dabei weiterschläft, wundert sie sich über seine ruhigen Atemzüge und fragt sich, ob er vielleicht nur ruhen kann, wenn sie über seinen Schlaf wacht.

Zwischen den Eheleuten ist die Angst tabu. So wächst das Unaussprechliche zwischen ihnen, wird der gemeinsame Alltag zum Rollenspiel des Überlebens. Wortlos kreisen sie um den Schrecken, der eingekapselt zwischen ihnen liegt, der aufzubrechen droht, wenn einer daran rührt, und so führen sie einen stummen Dialog, ängstlich bedacht, das Eigentliche nicht zu berühren.

Häufig grübelt sie, ob er wirklich gerettet sei. Ist es vorbei? Wie weiß man das? Wird es noch einmal passieren? Bei ihrer Arbeit haben ihr die alten Menschen erzählt von Wohnungseinbrüchen oder Handtaschenraub und von der Angst danach. «Die verfluchte Angst, die steckt in den Opfern viel mehr drin, als Anwälte, Richter und vielleicht auch Psychologen ahnen.» Sie hat gespürt, wie viele bange wurden und mißtrauisch, wie sie sich einigelten, und sie sperrt sich dagegen. «Das führt nämlich zur Vereinsamung, ich weiß das.»

Sie kümmert sich um andere, die Angst haben. Wenn einer der Alten, die sie betreut, ins Krankenhaus muß, ruft sie morgens an und wünscht alles Gute. «Ich versuche, aus meinen Erfahrungen mit der Angst heraus anderen die Angst zu nehmen. Damit helfe ich mir selbst etwas. Nur, die Leute wissen nicht, daß ich selber auch Angst habe.»

In der Betreuung alter Menschen hat Gisela Schäfer unzählige Menschen in Krisen erlebt, und sie hat ihnen zugehört und ihnen vermittelt, daß man über alles reden könne und daß jedes Problem, über das man reden könne, auch zu lösen sei. Sie selber aber will niemandem ihr Herz ausschütten, als wäre das die Kapitulation vor dem verzweifelten Versuch, die Normalität ihres Lebens zu retten. Ihre Hilflosigkeit zu offenbaren, fürchtet sie, wäre das Eingeständnis ihres Scheiterns.

Für ihre eigene Verzweiflung findet Gisela Schäfer keine Worte. Ihre Söhne, die alle drei in sozialen Berufen arbeiten, mag sie nicht behelligen. Es könne ihren Kummer nicht lindern, wenn sie sich an andere wenden würde, eher hat sie das Gefühl, so den Zusammenbruch der Familie zu riskieren. «Das belastet mich doch schon genug. Meine Söhne wären sehr erstaunt, die kennen ihre Mutter nur, daß sie alles schon packt.» An dieser Rolle als wandelnder Reparaturbetrieb hält sie trotzig fest. Schwäche will sie sich nicht erlauben. «Wenn's helfen würde, würde ich sagen, teilen wir uns den Schmerz. Aber es hilft nichts mehr. Die Wunden haben wir bloß zugenäht, und ich fürchte, daß die geringste Kleinigkeit sie wieder aufreißen würde.» Es ist nicht allein die Rücksichtnahme auf ihre Familie – sie fürchtet auch, sich selbst fremd zu werden, wenn sie ihr Zorn überflutet. «Wer möchte sich schon von innen betrachten? Sich selbst zu begegnen, wie man da drinnen wirklich ist, dazu gehört verdammt viel Mut. Wir sind ja alle bemüht, nach außen hin einen guten Eindruck zu vermitteln.»

Dennoch, wenn sie zurückdenkt an den fassungslosen Blick ihres Mannes an jenem Januartag, packt sie eine schwere Wut auf den Täter, der ihren Mann über den Boden schleifte, obwohl der sich nicht gewehrt hatte, von dem nichts zu befürchten war, und sie lacht bitter, «wenn man das mit einem Hund machen würde, käme gleich der Tierschutzverein». Gisela Schäfer erschrickt vor ihrem Haß, der sie aufzufressen droht und den sie sich verbietet, weil sie ihn nicht vereinbaren kann mit ihrem christlichen Glauben.

Sie drängt ihren Mann, im Gerichtsverfahren als Nebenkläger

aufzutreten. «Der Täter soll nicht denken, daß wir uns vor ihm verkriechen, selbst wenn ich es innerlich tue.» Ihr Mann fürchtet, dem Verfahren nicht gewachsen zu sein, und vor allem, den Haß des Täters auf sich zu ziehen. Nur widerstrebend willigt er in die Nebenklage ein. Große Hoffnungen in das Verfahren setzt Gisela Schäfer nicht, die immer häufiger in unbestimmte Bitterkeit verfällt. «Vielleicht ist das unser Zeitalter, nur mit Ellenbogen kommt man durch. Die Gangster lernen ja schon vom Fernsehen, wie man's macht, das sind ja die Helden der Nation.»

Als sie im Gerichtssaal den Täter sieht, der vom Alter her ihr Sohn sein könnte, ein smarter Jüngling im dunklen Blazer, kann sie es nicht fassen, daß er es war, der ihren Mann so gequält hat. Gepflegt und charmant wirkt er im Gerichtssaal, «nicht wie ein Drogensüchtiger, der hin und her zittert, weil er auf Entzug ist. Der hat nicht gezittert, aber wir haben gezittert.» Es empört sie, daß die Lebensgeschichte des Angeklagten aufgeblättert wird bis zu seinem vierten Lebensjahr, aber daß sich für den Schrecken ihres Mannes kaum einer interessiert. «Die Opfer sind lästig, die Täter interessant.»

Ihr Mann wird im Gerichtssaal nur ein paar Minuten lang vernommen. Er blickt den Täter nicht an und schildert leise, wie er gefesselt auf dem Boden lag, auf dem Mund ein Klebeband, und daß er in diesem Moment abgeschlossen hat mit seinem Leben. Gisela Schäfer hat ihn nie fragen mögen, was er in diesem Moment empfand, und ihr stockt der Atem. Ihr Mann wirkt wie in sich zusammengefallen, als er berichtet. Dann fragt ihn die Verteidigerin des Täters, wie er denn hätte wissen können, ob das eine Pistole war, die er im Genick spürte, das hätte ja auch ein Feuerzeug sein können.

Da betrachtet Gisela Schäfer den Prozeß nur noch als absurdes Spektakel. Sie zuckt zusammen, als der Täter bloß zu vier Jahren Freiheitsentzug verurteilt wird, empfindet es zugleich als furchtbar, wie sich der Vierundzwanzigjährige sein Leben verbaut hat. Schließlich geht sie auf ihn zu und sagt, «denken Sie nicht, daß ich Sie hasse. Sie haben eigentlich mein Mitleid.» Sprachlos blickt der Täter sie an.

Gisela Schäfer sucht vergeblich nach einer Mitverantwortung an dem Geschehen. Wenn ihr Mann den Täter beleidigt oder ihm das Geld verweigert hätte, dann könnte sie sich sagen, daß sich der Täter geprellt sah und übermäßig reagierte. «Aber so – wir haben doch überhaupt nichts getan. Ich kann keine Schuld finden. Man ist einfach nur Opfer.» Nichts entlastet sie von ihrem Zorn.

Seit dem Tag des Überfalls hat sich Gisela Schäfer verändert. Wenn sie früher von ihren Senioren beschenkt wurde mit Kerzenhaltern, Porzellanfiguren oder Röschen, ging ihr das Herz über vor Freude. Jetzt berührt es sie nicht mehr, als wenn in ihr etwas abgestorben wäre. Früher, sagt sie, war sie gern allein, sah aus dem Fenster, in die Bäume und auf den Spielplatz vor dem Haus und überließ sich ihren Gedanken. Mittlerweile fürchtet sie ihre Gedanken und stellt den Fernseher an, um sich abzulenken.

«Man muß darüber reden, muß es loswerden», weiß sie, aber kann sich nicht vorstellen, wie das gehen könnte. Ihrem Mann will sie nicht eingestehen, wie bang ihr ist. «Ich würde ihm ja noch mehr Angst vermitteln. Er hat doch schon Angst genug. Wo sollen wir uns denn verkriechen, wir wollen doch weiterleben. Wir müssen doch raus. Ich kann doch nicht ewig hinter uns gucken.» Sie befürchtet, vor ihrem Mann zu weinen und ihn damit im Stich zu lassen. «Ich möchte nicht, daß er merkt, wie sehr es mich belastet.»

Ihr Mann ist seit dem Überfall noch sanfter geworden. Von einer Kur schreibt er ihr, «laß uns verreisen», und fügt hinzu, «wenn uns noch genug Zeit bleibt». Er lädt sie ein, Weihnachten im noblen Hotel Atlantic an der Alster zu feiern. Gisela Schäfer beschließt, sich darüber zu freuen, und vermißt dann doch den Weihnachtsbaum zu Hause und die Seemannsgrüße im Radio und fühlt sich inmitten der Hamburger Schickeria einsam und auf der Flucht.

Gisela Schäfers Verstand sagt, ihr Mann habe ja noch Glück gehabt. Es sei fast so etwas wie ein zweites Leben, wenn man dem Tode so nahe gewesen und doch entronnen sei. «Dann lernt man das Leben zu schätzen, während man das sonst als ziemlich selbstverständlich hinnimmt.» Doch dieser Gedanke ist ihr voraus. In ihrem Herzen findet er noch längst keinen Halt. Wenn die Traurigkeit in ihr hochkriecht, versucht sie, sich selbst zu trösten. «Dann sag ich mir, wir haben eine warme Wohnung und einen traumhaften Garten, wir haben Geld auf dem Konto, dürften wir nicht zufrieden sein? Das sag ich mir immer. Nur, so viel hilft es nicht.»

Nicht mehr zu Hause

Wohnungseinbrüche und der Verlust von Sicherheit

Nach einem Wohnungseinbruch fühlen sich viele Menschen in ihren eigenen vier Wänden nicht mehr zu Hause. Schlagartig verlieren sie das Gefühl, zumindest zu Hause einen Ort des Rückzugs und der Sicherheit zu haben. Doch bislang wurden die seelischen Folgen von Einbrüchen unterschätzt.

Als Alfons und Hannelore Baumann von einer Familienfeier zurückkamen, war ihr Eigenheim verwüstet. Einbrecher hatten nicht nur den Fernseher und die Stereoanlage entwendet, sondern auch die Sofas aufgeschlitzt und die Wäsche durchwühlt. Dem Braunschweiger Ehepaar schien es, als könnte man in diesen Räumen nicht mehr zu Hause sein. «Ich habe mich so beschmutzt gefühlt», sagt Inge Baumann, «daß ich all unsere Wäsche wusch und das ganze Haus putzte. Und in den folgenden Wochen habe ich häufig zum Fenster hinausgesehen und jeden Fremden mißtrauisch beäugt.»

Nach einem Einkaufsbummel im Spanienurlaub entdeckte Rainer Bode, daß ein Fenster in seinem Campingbus aufgebrochen war. «Eigentlich ist nichts Dramatisches geschehen, die Einbrecher waren sogar ganz ordentlich gewesen», erinnert sich Bode. Bloß die Kamera fehlte. «Aber ich kriegte eine Gänsehaut. Obwohl ich beruflich als Wachmann gelernt habe, mich mit Rechtsbrechern auseinanderzusetzen.» Für Bode gab es nur eins: sich sofort ans Steuer zu setzen und ein paar Kilometer weiterzufahren. «Ich bin kein ängstlicher Mensch, jung, sportlich auf der Höhe. Aber mir war so unwohl, wie ich mich vorher nicht kannte. Meine Reaktion hat mich selber entsetzt.»

Ingeborg Heuer hat den Einbruch in ihre Wohnung vor zehn Jahren bis heute nicht verwunden. Seitdem läßt sie sich von ihrem Mann keinen Schmuck mehr schenken. Auch die Lust aufs Verreisen ist ihr vergangen. Selbst wenn sie nur rasch zum Supermarkt an der Ecke geht, fürchtet sie, in ein womöglich verwüstetes Zuhause zurückzukommen.

Als Adrienne Eggerling morgens erwachte, fand sie ihre Wohnung verändert. In ihrem Schlafzimmer brannte Licht, auch im Flur und im Wohnzimmer. Die Wohnungstür stand offen. Es war ein Einbrecher in der Wohnung gewesen, der alle Schränke durchstöbert und etwas Geld gestohlen hatte, eine geringe Summe. «Eigentlich habe ich Glück gehabt», dachte die Fünfundzwanzigjährige. Dann begannen ihre Gedanken zu kreisen. Wer war der Fremde? Hatte er neben ihrem Bett gestanden? Was suchte er? Adrienne Eggerling stellte sich vor, was geschehen wäre, wenn sie aufgewacht wäre: Der Mann hätte sie vergewaltigen oder töten können.

Ein Einbruch bedeutet einen massiven Eingriff in einen Schutzraum. Menschen vermuten in ihrer Wohnung keine Gefahr. Nach einem Einbruch sind die Betroffenen tief verunsichert, empfinden so etwas wie: «Ich bin nirgends sicher.» Anders als bei einem Überfall auf der Straße, nach dem immer noch die Wohnung als sichere Zuflucht bleibt, stellt der Einbruch den verläßlichen Rückzugsort in Frage.

Bislang gibt es keine großangelegte Untersuchung darüber, welchen seelischen Schaden Wohnungseinbrüche auslösen. Eine Reihe von lokalen Erhebungen läßt allerdings vermuten, daß die traumatisierende Wirkung solcher Delikte bislang völlig unterschätzt wurde. Unter den Betroffenen von Wohnungseinbrüchen, die 1990 und 1991 in Darmstadt und Umgebung befragt wurden, berichtete jeder dritte von Alpträumen nach der Tat.

Dabei räumte die Mehrzahl der Geschädigten ein, nach außen würden sie ihre Gefühle lieber nicht zeigen. Viele fühlten sich allein gelassen. Den Weg zu Hilfsorganisationen wie dem bundesweiten Verband Weißer Ring oder regionalen Opferhilfseinrichtungen fanden nur vier Prozent. Eine Untersuchung im Kreis Unna deutet darauf hin, daß die Opfer eines Wohnungseinbruchs fortan eine deutlich größere Kriminalitätsfurcht haben als jene, die eine solche Erfahrung nicht machten.

Wer sich an die Polizei wendet, tut dies meist mit hohen Erwartungen, daß die Beamten sofort zur Stelle sind, Fingerabdrücke nehmen und Spuren sichern, gründlich ermitteln, den Schuldigen fassen und das Gestohlene wiederbringen. Vor allem aber hoffen Einbruchsopfer auf Verständnis. Statt dessen treffen sie häufig auf das professionelle Desinteresse von Beamten, die wissen, daß nur jeder siebte Einbruch aufzuklären ist und sich die Aufklärungsquote seit Anfang der siebziger Jahre halbiert hat. Doch die Polizei darf sich nicht nur auf die Opfer von Gewaltverbrechen konzentrieren. Menschen, die einen sogenannten Vermögensschaden erlitten haben, wurden bislang vernachlässigt. Auch ein Wohnungseinbruch, ein Betrug oder ein Trickdiebstahl kann zu nachhaltiger Verunsicherung führen. Polizeibeamte sollten mit den Betroffenen behutsamer umgehen als bisher. Doch bei den Ermittlungen, so der Kölner Polizeipräsident Jürgen Roters, «lassen wir häufig resignierte Menschen zurück, bei denen sich der Eindruck festsetzt, die Tat werde lediglich verwaltet».

In einer Mönchengladbacher Studie, angeregt durch den Strafrechtsprofessor Gerd Kirchhoff, wurden 257 erwachsene Einbruchsopfer zu ihrer Behandlung durch die Polizei gefragt. Die große Mehrzahl äußerte sich eher zufrieden, immerhin 20 Prozent waren eher unzufrieden. Die letzteren warfen der Polizei vor, sie habe nicht über den Fortgang der Ermittlungen informiert, sei unhöflich gewesen und desinteressiert. 33 Prozent meinten, die Polizei lasse es an Mitgefühl fehlen.

Eine Wissenschaftlergruppe im Bundeskriminalamt um den Psychologen Michael Baurmann will dies ändern, sie entwickelte für die Fortbildung der Polizei einen Schulungsfilm mit dem Titel «Opfer nach der Straftat»: Familie Werner kommt aus dem Urlaub zurück, freut sich auf die erste Tasse Kaffee zu Hause. Doch im Wohnzimmer sind die Schubladen herausgerissen, der Videorecorder ist weg, und im Kinderzimmer fehlt sogar das Computerspiel. Die Werners sind entgeistert – allerdings auch über die Reaktion der Polizei, die sie sofort verständigen.

«Nun mal langsam», beschwichtigt der Einsatzbeamte am Telefon und will zunächst eine Reihe von Details wissen, die den Betroffenen völlig unwichtig erscheinen. «Handelt es sich um eine Eigentums- oder Etagenwohnung oder ein Einfamilienhaus?» Schließlich tauchen zwei Polizisten am Tatort auf. Fingerabdrücke nehmen sie nicht, listen geradezu vorwurfsvoll die Mängel an Türen und Schlössern auf und resümieren, «wir arbeiten doch hauptsächlich für die Versicherung». Nach kurzer Zeit verabschieden sie sich wieder und wünschen «einen schönen Tag noch». Fassungslos bleiben die Betroffenen zurück. An verschiedenen Praxisbeispielen wird dokumentiert, wie das Verhalten von Polizeibeamten auf Kriminalitätsopfer wirkt und wie es anders geht. Etwa, indem die Polizisten ihre Arbeit erläutern, den Fortgang der Ermittlungen darlegen oder ihre Durchwahlnummer angeben, um für Fragen auch später erreichbar zu sein.

In Köln gibt es einen Modellversuch, die Bezirksbeamten der Polizei besuchen Einbruchsopfer, nachdem eine Anzeige erstattet worden ist, um ihnen zu demonstrieren, daß deren Sorgen ernst genommen werden. Sie geben Ratschläge, wie Haus oder Wohnung besser abgesichert werden können. Nicht im ersten Schock, sondern oft erst später entdecken die Betroffenen zunächst übersehene Spuren oder erinnern sich an Details, die für scheinbar aussichtslose Ermittlungen doch noch einen Anhaltspunkt liefern können. Der Modellversuch geht von der Einsicht aus, daß Betroffene, die sich von der Polizei nicht ernstgenommen fühlen, auch als Informationsquelle versiegen.

Die Polizei ist abhängig von der Bereitschaft der Opfer zur Mitarbeit, betont der Professor für Kriminologie und Strafrecht, Gerd Kirchhoff. Bis zu 90 Prozent der von der Polizei registrierten Straftaten würden von den Opfern angezeigt. Kirchhoff fordert eine stärkere «Kundenorientierung» der Polizei. Auch dieser Experte verweist auf die systematische Förderung der Opferhilfe in den Niederlanden, die zu einer beachtlichen Renommeeverbesserung der Strafverfolgungsbehörden geführt habe. In den Führungsetagen der deutschen Polizei dagegen hätte man, so Kirchhoffs Kritik, noch nicht begriffen, daß man Verbrechensopfer auf den Revieren nicht mehr «wie im 19. Jahrhundert» behandeln könne. Die in den Niederlanden so erfolgreiche Überweisung etwa von Einbruchsopfern an die Opferhilfen ist nach Ansicht von Gerd Kirchhoff auch hierzulande möglich, häufig dagegen eingewandte Datenschutzgründe seien vorgeschoben. Schließlich ist es möglich, den Betroffenen freizustellen, ob ihre Adresse an Hilfsorganisationen weitergegeben werden soll oder nicht.

Übersehen wird häufig, wie Einbrüche gerade auf Kinder wirken. Die Beratungsstellen registrieren, daß die Kinder besonders stark verunsichert werden. «Wenn Familien aus dem Urlaub zurückkommen und einen Einbruch entdecken», berichtet Opferberaterin Danielle Hermans, «dann wird auf die Kinder häufig nicht mehr geachtet.» Sie erleben ihre Eltern aufgelöst und fühlen, daß etwas Bedrohliches passiert sein muß. Häufig reden Eltern über ihre Ängste in Gegenwart der Kinder und heizen damit deren Phantasien an. Die erlebte Machtlosigkeit der Eltern bewirkt ausufernde Befürchtungen der Kinder, sie seien zu Hause nicht mehr sicher.

Eine gute Erfahrung mit der Polizei machte die Düsseldorfer Angestellte Sabine Würzbach. Als sie mit ihren beiden kleinen Töchtern Patricia und Nicole nach Hause kam, fand sie das

Schloß aufgebrochen, die Tür ließ sich nicht öffnen. Bange Minuten vergingen, bis der Schlüsseldienst und ein Streifenpolizist eintrafen. Als die Mädchen entdeckten, daß nicht nur die Wertsachen der Eltern gestohlen waren, sondern im Kinderzimmer auch ihre Sparschweine zertrümmert lagen, flossen die Tränen. Der Polizist kümmerte sich rührend um die Kinder, erinnert sich Familienvater Heiner Würzbach. Der Beamte setzte sich mit den beiden Mädchen auf die Treppe und erklärte ihnen, was bei einem Einbruch passiert und was die Polizei da machen kann. «Das hat die Kinder enorm beruhigt.» Manchmal allerdings fragt Patricia beim Einschlafen plötzlich, ob in der Nacht die Einbrecher wiederkommen werden. Dann schweigt ihr Vater lieber über seine eigene Furcht. «Wir wollen die Ängste der Kinder nicht schüren.»

Die meisten Einbrecher kommen tagsüber, wenn viele nicht zu Hause sind. Häufig sind es Amateurdiebe, zunehmend Drogensüchtige, die bei einer guten Sicherung der Wohnung oftmals aufgeben. Polizeiangaben zufolge scheitert über ein Drittel aller versuchten Einbrüche an mechanischen Schutzmitteln, vom Türriegel bis zum Fenstergitter. Die Polizei rät, niemals arglos die Tür zu öffnen, immer einen Sperrbügel vorzulegen, um das Aufstoßen der Tür zu verhindern. Doch wer will schon jeden Besucher wie einen potentiellen Eindringling empfangen? Selbst vor dem Wäscheaufhängen auf dem Hof sollte man alle Fenster und Türen verschließen, empfiehlt die Kripo in Beratungsbroschüren. Wer mag sich solche Gewohnheiten wirklich zulegen? Es bedeutet dagegen keine Einschränkung, Bargeld nicht in größeren Mengen zu Hause aufzubewahren. «Viele alte Menschen tun das nach wie vor», weiß Hans-Georg Meder, Chef der Kriminalpolizeilichen Beratungsstelle Hamburg, «und verstecken ihre Wertsachen an scheinbar ungewöhnlichen Stellen wie unter der Matratze oder im Zuckerpott, wo ein Einbrecher sofort nachsieht.»

Hinweise zu Schutzmaßnahmen und Verbrechensvorbeugung geben die Kriminalpolizeilichen Beratungsstellen bundesweit. Deren Mitarbeiter kommen übrigens kostenlos in die Wohnung, um eine individuell angepaßte Sicherungstechnik zu empfehlen. Allerdings gibt kein noch so starker Türriegel und keine noch so ausgeklügelte Alarmanlage absolute Sicherheit, vor allem in Hochhäusern, wo Menschen Tür an Tür leben, ohne sich zu kennen, wo kaum jemand auf Einbruchsgeräusche oder das Heulen einer Alarmsirene reagiert. Daher sollten Nachbarn stärker aufeinander achten, Fremde im Haus ansprechen, Telefonnummern für Notfälle austauschen und sich gegenseitig informieren, wenn sie verreisen. Wenn ein Haus während des Urlaubs einen bewohnten Eindruck macht, weil die Nachbarn die Blumen gießen und den Postkasten leeren, ist ein Einbruch nicht so wahrscheinlich. So wäre wohl auch ein Einbruch zu verhindern gewesen, der in Bremen geschah. Während ein zurückgezogen lebendes Paar verreist war, kamen Diebe mit einem Möbelwagen und räumten die Wohnung komplett aus. Nachbarn hielten die Abräumaktion für einen Umzug und sahen arglos zu.

Auf Nachbarschaftshilfe allein mochten sich die Bürger in dem gediegenen Kölner Vorort Hahnwald nicht verlassen – sie engagierten für ihre Siedlung einen privaten Wachdienst. Dazu gründeten sie einen «Verein zur Vermeidung von Kriminalität in Wohngebieten», um die runde Viertelmillion Kosten pro Jahr zumindest von der Steuer absetzen zu können. Auch im Bremer Nobelviertel Oberneuland beauftragten gutbetuchte Anwohner ein Sicherheitsunternehmen, nachdem die Hansestadt beschlossen hatte, im Stadtteil Drogensüchtige in Wohncontainern unterzubringen. Die käufliche Sicherheit hat Hochkonjunktur, resümiert Klaus Steffenhagen, nordrhein-westfälischer Landeschef der Gewerkschaft der Polizei, der derartige Initiativen als «Einigelungspsychose» geißelt. Tatsächlich erzielen private Sicherheitsdienste in Deutschland jährlich mehr als vier Milliarden Mark Umsatz. Die gesamte Branche, zu der auch Detekteien und Hersteller von Angstprodukten wie Videoüberwachungsanlagen fürs Eigenheim bis zur Gaspistole gehören, wird auf insgesamt 15 Milliarden DM taxiert.

Darunter finden sich auch eigentümliche Angebote wie der «elektronische Wachhund», eine Alarmanlage, die mit «täuschend echtem Hundegebell» anschlägt, wie es im Katalog eines Versandhandels heißt. «Der elektronische Wachhund macht Einbrechern angst. Nur Sie wissen, daß das warnende Knurren und aggressiv laute Bellen nicht von einem gefährlichen, abgerichteten Wachhund kommt.» Preiswerte Sicherheit soll – für immerhin 129 Mark – auch die Kameraattrappe bieten, ein leerer Kasten mit Leuchtdiode und Halterung, der einer echten Videokamera ähnelt. Aus dem Werbetext: «Montieren Sie Kameras im Eingangsbereich Ihres Hauses und an anderen einbruchsgefährdeten Stellen. Ungebetene Gäste werden denken, daß sie zu einer unbezwingbaren Alarmanlage gehören. Sie erwecken den Eindruck, daß alle Vorgänge um Ihr Haus gefilmt werden – wie im Schalterraum einer hochgesicherten Bank.» Experten empfehlen dagegen, in tatsächlichen Schutz wie abschließbare Fenstergriffe und stabile Türen zu investieren. Es geht um den Widerstandszeitwert, mit anderen Worten: Je länger Einbrecher brauchen, um einzudringen, desto wahrscheinlicher wird es, daß sie davon ablassen. In dem boomenden Geschäft mit der Verbrechensfurcht wimmelt es von Neueinsteigern, die mit improvisierter Technik und selbstgestricktem Wissen auf ihren Anteil am Geschäft mit der Furcht hoffen. Die Hürde ist gering: Gewerbeschein genügt.

Der Bundesverband Deutscher Wach- und Sicherheitsunternehmen will das Nachtwächter-Image und das Klischee der Schwarzen Sheriffs abstreifen, um dafür die aus eigener Sicht gewachsene Leistungsfähigkeit stärker darzustellen. Der Verband schätzt die Zahl der pflichtversicherten Beschäftigten in deutschen Wach- und Sicherheitsunternehmen auf rund 100 000. Werden auch die betrieblichen Werksschützer, Detektive und Feierabendwächter hinzugerechnet, gehen Kenner von einer Gesamtzahl von bis zu 300 000 aus, mehr, als die Polizei Beschäftigte hat.

Sollte es der Branche gelingen, ihr lädiertes Image aufzupolieren, könnte auch der Ruf nach einer engen Zusammenarbeit mit der Polizei wieder lauter werden. Von einer «Sicherheitspartnerschaft» war bereits auf einem Seminar von Vertretern privater Sicherheitsdienste und führenden Polizeibeamten in der Polizei-Führungsakademie in Münster die Rede. «Zusammen sind wir unschlagbar», hieß es im «Security Club-Magazin».

Tatsächlich aber verlagern ausgeklügelte Sicherungstechniken und private Dienste die Kriminalität nur von besser geschützten an weniger gesicherte Orte. Alle zweieinhalb Minuten geschieht irgendwo in der Bundesrepublik ein Einbruch. Was also können Menschen tun, die diese Erfahrung machen müssen? Therapeuten raten, unbedingt über die Ängste zu sprechen. Alleinstehende und ältere Menschen geraten besonders in Furcht. Die Bremer Psychologin Hermans warnt davor, sich einzubunkern. Gerade ältere Menschen, die sich wehrlos fühlen, gewinnen allerdings ihr Sicherheitsgefühl nur mühsam zurück. Manchen wird ihre Wohnung nach einem Einbruch so unheimlich, daß nur noch ein Umzug Erleichterung verschafft.

Gespräch mit einem Einbrecher

Um die Gefühle von Kriminalitätsopfern ging es in der Radiosendung «Redezeit», die ich im Norddeutschen Rundfunk moderierte. Hörer konnten sich per Telefon beteiligen. Eine ältere Dame, die Opfer eines Überfalls geworden war, machte ihrem Zorn über den Täter Luft. Kurz darauf rief ein Mann an. Das Gespräch mit ihm ist im Wortlaut dokumentiert:

Ich bin kein Betroffener, ich bin Täter. Und ich würde gern zum gesellschaftlichen Problem etwas sagen...

Wenn Sie sagen, Sie sind Täter, was haben Sie denn getan?

Ich habe einen Einbruch gemacht. Einen Einbruch, und ich bin vor gut zwölf Jahren bestraft worden dafür. Ich bin im Grunde zwölf Jahre lang vernünftig gewesen, aber vor gut acht Wochen habe ich wieder einen Einbruch begangen. Das habe ich bereut. Und dann habe ich mich mit dem Geschädigten auseinandergesetzt und ihm mal meine Sachlage deutlich gemacht. Wie es dazu gekommen ist. Weil man die Hintergründe vielleicht auch mal erläutern sollte, die zu einer Tat führen. Diese Hintergründe kann man einem Geschädigten vielleicht in einem konstruktiven Gespräch erklären. Das habe ich getan. Nur das Gespräch hilft.

Opfer von Einbrüchen sagen häufig, daß ihre Intimsphäre, das, was sie als sicher glaubten, als privaten Bereich, daß das plötzlich angetastet und verletzt ist. War Ihnen denn das auch deutlich, daß Sie da stark in das Leben von jemand anderem eintreten?

In dem Moment nicht. Bei mir kamen zwei Gründe zum Tragen, einmal die finanzielle Notsituation. Ganz deutlich, ich habe zwei Kinder zu versorgen. Eine Familie. Zum anderen eine sehr schwer erkrankte Frau. Diese Situation hat mich nach zwölf Jahren auch wieder zu dieser Tat verleitet. Ich muß auch sagen, auf Ihre konkrete Frage hin, in dem Moment habe ich daran nicht gedacht. Daß ich da in eine Privatsphäre, in die Intimsphäre anderer Menschen eindringe. Daran habe ich nicht gedacht.

Hätte das etwas für Sie verändert, wenn Ihnen klar gewesen wäre, daß da nicht nur irgendwelche Dinge herumstehen, sondern daß sich manche Menschen nach einem Einbruch lange Zeit nicht mehr zu Hause fühlen in ihren eigenen Räumen?

Dann hätte sich mit Sicherheit etwas für mich verändert, wenn man es mir sehr deutlich bewußtgemacht hätte.

Wie war das Gespräch für Sie, als Sie dann mit demjenigen zusammengetroffen sind, in dessen Wohnung Sie eingedrungen sind?

Das war sehr positiv. Ich muß dazu sagen, diese Dame, bei der ich eingebrochen bin, hat mir eine Woche vorher sogar etwas Gutes getan. Hatte mir ein Geschenk gemacht. Trotzdem habe ich ihre Situation ausgenutzt. Bin halt eingebrochen. Auch das haben wir diskutiert. Sie hatte mir vorher was geschenkt, es war Weihnachtszeit, und dann habe ich es trotzdem getan. Weil sie es mir auch etwas leicht gemacht hatte. Ich kannte das persönliche Umfeld von ihr. Ich hab's getan. Aber das Gespräch hat mir sehr viel gebracht. Ohne Frage.

Was war anders nach diesem Gespräch? Ihre Notsituation, Ihre finanzielle Notlage hat sich dadurch ja nicht geändert.

Das ist richtig. Ja, was war anders? Ich habe mir zum erstenmal Zukunftsaussichten gemacht. Ich bin um die Dreißig, die Geschädigte ist weit über sechzig. Da liegt eine Generation dazwischen. Und sie hat mir mit ihrer menschlichen Erfahrung halt deutlich gemacht, was ich in meinem Leben anders machen kann.

Ist Ihnen das gelungen?

Noch nicht. Aber ich hoffe, daß ich jetzt auf dem richtigen Weg bin.

Finanzielle Folgen

Unter Strom

*Die Geschichte von Straßenbahnkontrolleur
Bernd Neumann, der nach einer Schlägerei nicht
mehr arbeiten konnte*

Fast jeden Morgen gibt es Ärger. Wenn die Fahrscheinkontrolleure in der Frühe durch Busse und Bahnen streifen, während viele Pendler noch dösen, «dann fällt so manches böse Wort», sagt Alfred Krüger, Vertrauensmann der 53 Fahrscheinprüfer bei den Hannoverschen Verkehrsbetrieben. «Die Leute meinen es ja nicht persönlich. Aber keiner wird gern kontrolliert. Da müssen wir uns ein dickes Fell zulegen.»

Besonders unbeliebt sind bei den Kontrolleuren die frühen Morgenstunden am Wochenende, wenn Discogänger alkoholumnebelt in Gruppen fahren und Kontrollen ihre Bierseligkeit stören. Da heißt es ruhig bleiben, mahnt Krüger. «Wenn ich auf die Sprüche eingehe, beschwöre ich die Konfrontation herauf. Dann gibt ein Wort das andere, und das artet schließlich in Gewalt aus.»

Die hannoverschen Fahrscheinprüfer arbeiten in Achtstundenschichten. Täglich kontrollieren sie 500 bis 800 Fahrgäste, und jeder hundertste wird beim Schwarzfahren ertappt. Wenn Fahrgäste ohne Ticket und Papiere erwischt und zur Personalienfeststellung zur Polizei gebracht werden sollen, sind Auseinandersetzungen am häufigsten. Der Vertrauensmann: «Man steigt in die Bahn und weiß nie, was darin los ist und ob man wieder heil herauskommt. Nicht, daß man immer darüber grübelt. Aber manchmal kommen die Gedanken schon hoch.» Wenn die Männer nach der Schicht zur Zentrale zurückkehren und ihre postkartengroßen Dienstberichte ausfüllen, erzählen sie oft von Zwischenfällen, doch nie von den emotionalen Folgen, die sie auslösen. «Wer sagt, daß er die Angst im Nacken hat», meint Vertrauensmann Krüger, «ist hier fehl am Platz.» So fehl am Platz, wie es Bernd Neumann geworden ist.

Neumann hat in drei Dienstjahren als Fahrkartenkontrolleur zehn Schlägereien erlebt. Einmal schlug ihm ein Schwarzfahrer, den er von der Straßenbahnstation im Tiefgeschoß des Hauptbahnhofes zur Polizeiwache bringen wollte, mit der Faust ins Gesicht. Mehrere Zähne waren gelockert, Neumann erlitt ein Nackenwirbeltrauma. «Welche Maßnahmen wurden getroffen, um ähnliche Unfälle in Zukunft zu verhüten?» So lautete die Frage Nummer 35 im Unfallbericht, der von seinem Arbeitgeber für die Betriebskrankenkasse auszufüllen war. Die lakonische Auskunft: «Tätlichkeiten von Fahrgästen sind nicht vorhersehbar.» Die Männer vom Prüfdienst sind «direkt an der Front und wollen von den Fahrgästen den Fahrschein haben», erläutert der zuständige Abteilungsleiter Andreas Ansbach, «das hat natürlich eine gewisse Brisanz». Aber auch einen gewissen Reiz. Manche, mutmaßt der Vertrauensmann, «fühlen sich vielleicht als Kopfgeldjäger oder Edelsheriffs».

Der Fahrscheinprüfer Bernd Neumann ist ein Mann, der sich nichts gefallen lassen will. «Na ja, ich bin Fallschirmjäger gewesen, dadurch reagiere ich ganz anders.» Damals, bei der Bundeswehr, begegnete Neumann der Angst, ins Bodenlose zu fallen. Es kam darauf an, die Angst zu spüren und sie dennoch zu überwinden. Wenn man keine Angst mehr hat, so lautete das Credo in der Ausbildung, wird man leichtsinnig. Und dann gefährdet man sich selbst und die anderen. Seitdem hat Neumann gelernt, mit der Furcht zu leben. Die Furcht wirkt wie eine gefährliche Droge – sie reizt ihn und zermürbt ihn dabei immer mehr. Er will der sein, der zuerst und fester zuschlägt als andere. Die Nahkampftechniken, die er als Fallschirmjäger erworben hat, vermitteln ihm ein Gefühl von Stärke. Nach der Bundeswehrzeit arbeitet er zunächst in einer Diskothek in Garmisch-Partenkirchen als Aufseher und schaltet sich in Schlägereien ein, manchmal liegen mehrere am Boden. «Da habe ich wirklich gewütet.»

Er zieht mit einer Frau zusammen, sie wird schwanger. Doch schon vor der Geburt trennen sich die beiden, zu seiner Tochter entwickelt er kein Verhältnis. Sie ist fortan lediglich ein Kostenfaktor für Unterhaltszahlungen. Vergeblich versucht Neumann, zur Bundeswehr zurückzukehren, und arbeitet dann in einer Zuckerfabrik in einem kleinen Ort bei Hannover als Rohrschlosserhelfer und Zuckerkocher.

In der Kampagne, wenn die Zuckerrüben kommen, kocht er den Zucker ab, «Station fahren» heißt es. Den Männern rinnt der Schweiß herunter, wenn die klebrig-süße Flüssigkeit unter Vakuum in den Kochofen eingezogen und hochgekocht wird. Bei Reparaturarbeiten stürzt Neumann von einer Rohrleitung und fällt zwischen die Pumpen. Drei Wochen lang arbeitet er trotz der Verletzung. «Wir waren in der Kampagne, haben Zwölfstundenschichten geschoben, das mußte weitergehen.» Erst als er vor Schmerzen nicht mehr gehen kann, sucht er einen Arzt auf. Der diagnostiziert einen Hüftgelenkskapselriß. Nichts anmerken lassen wollte er sich, doch seitdem ist seine rechte Hüfte versteift.

In seiner Freizeit sammelt Neumann Nachbildungen historischer Vorderladergewehre und träumt sich in die Pionierzeit des amerikanischen Westens zurück. An den Wochenenden besucht er Traditionstreffen wie das «Westernschießen» in Hasenbühl, wo nur Besucher in authentischer Verkleidung als Soldat, Trapper oder Indianer zugelassen sind. Neumann kleidet sich als Büffeljäger mit naturfarbener Lederhose und rehlederner Jacke mit Fransen, trägt ein Messer, einen Colt 1873 Army und Vorderlader. Er näht sich eine blaue Uniformjacke, die von den Dragonern des frühen 19. Jahrhunderts inspiriert ist, mit vergoldeten Knöpfen und silberbestickten Schulterklappen. «Für abends zum Ball» hat er einen Hut aus schwarzem Filz. Ob es damals eine bessere Zeit war? «Härter war sie, aber jeder war mehr für den anderen da als heute.»

Die Wochenenden verbringt er in der Gemeinschaft von Gleichgesinnten mit Wettschießen und Bogenschießen, der eine schmiedet Beile, der andere macht Perlenstickereien oder Lederarbeiten. Neumann spezialisiert sich auf Büffelgewehre, «da muß man bestimmte Tricks kennen, damit man mit den alten Prügeln überhaupt was trifft». Abends schlafen die Westernfans in Zelten der Indianer, den Tipis, oder in rechteckigen Leinenzelten und in getrennten Lagern, je nachdem, ob sie als Soldaten, Trapper oder Indianer verkleidet sind.

Seine Liebhaberei für historische Waffen und Westernkleidung verschlingt viel Geld, dabei verdient Bernd Neumann als ungelernter Arbeiter schlecht. Er nimmt Kredite auf und verschuldet sich zusehends. Nach fünf Jahren macht die Zuckerfabrik Pleite. Neumann wechselt in den Stahlhochbau und geht auf Montage, Brücken zusammenschweißen und das Stahlskelett von Fernsehtürmen aufbauen. Er lebt nun in Baubuden oder billigen Hotels und ist «immer gut unterwegs».

Dennoch holt ihn seine Geschichte ein. Weil er mit den Zahlungen für seine Tochter in Rückstand gerät und alle Mahnungen in den Wind schlägt, holt ihn die Polizei mit einem Strafbefehl von der Baustelle ab. 70 Tage muß Neumann absitzen wegen der Verletzung seiner Unterhaltspflichten und ist seinen Job los. Auch eine andere Arbeitsstelle behält er nicht lange, als ihm wegen einer Bronchitis das Schweißen schwerfällt. Vergeblich bittet er den Chef um eine andere Aufgabe, und als der ablehnt, kündigt Neumann kurzerhand. Viele Worte zu machen und Verständnis für sich zu fordern ist seine Sache nicht.

Schließlich bewirbt er sich bei den hannoverschen Verkehrsbetrieben als Schlosser, und weil man ihn als Schlosser nicht gebrauchen kann, kommt er in den Prüfdienst. Das scheint dem damals Dreiunddreißigjährigen ein ruhiger Job zu sein, «durch die Bahn gehen und ein paar Karten kontrollieren». Doch so gemütlich, stellt Neumann bald fest, ist die Arbeit nicht. An einem Februartag wird bei einem Kontrollgang ein Kollege von einem Schwarzfahrer mit einem Messer attackiert. Neumann stürmt hinzu, versucht, den jungen Mann zu beschwichtigen. «Komm, pack das Messer weg, ist ja alles gut, muß ja nicht unbedingt sein.» Als der Fremde an der nächsten Haltestelle aussteigt und auch die beiden Kontrolleure die Bahn verlassen, um die Polizei zu alarmieren, fragt ein Fahrgast laut, ob er als Zeuge gebraucht würde. Daraufhin stürmt der Messerstecher auf ihn zu, bis Neumann wieder dazwischengeht. Drei Stiche in seiner grünen Wachsjacke trägt er davon, zwei am linken Ärmel und einen an der linken Brustseite. Neumann geht zu Boden und sieht dem Fremden in die Augen. «Deine Augen merke ich mir», ruft er, «und wenn du mich nicht umbringst, dann krieg ich dich.» Darauf flüchtet der Täter.

«So etwas geht aufs Hirn, das prägt», sagt Bernd Neumann. Er kann sich präzise an die Augen des Unbekannten erinnern, braun mit auffälligen Flecken in der Pupille. Kurze Zeit später wird der Mann gefaßt. Aufgrund seiner auffälligen Augenflecken kann Neumann ihn eindeutig identifizieren. Zu drei Jahren Haft wird der Täter verurteilt, und seine Freunde tuscheln Neumann auf dem Gerichtsflur zu, ihn würden sie noch kriegen. Ungestraft könne er nicht einen Kumpel in den Knast bringen.

Selten kommt es zu harten Strafen gegen gewalttätige Schwarzfahrer. Meist, sagt Neumann, läßt die Justiz Milde walten. Ein älterer Herr, der ihn im Zorn vor die Straßenbahn schubst, kommt mit 300 Mark Geldstrafe davon. Gegen einen anderen, der die Kontrolleure mit einem Messer angegriffen hat, läßt der Staatsanwalt das Verfahren fallen. In der schriftlichen

Begründung heißt es dazu, der Beschuldigte sei bereits in einem anderen Verfahren zu einer erheblichen Strafe verurteilt worden. Dagegen würde eine weitere Verurteilung «nicht beträchtlich ins Gewicht fallen. Von der Erhebung der öffentlichen Klage wird daher abgesehen.» Die Justiz, scheint es Neumann, steht ihm nicht bei. Wer auf den Straßen überleben will, so meint er, muß stärker und schneller sein als seine Gegner.

Auf seiner Dienststelle wird über die Erfahrungen mit der alltäglichen Gewalt kaum ein Wort verloren. Supervision oder ähnliches wird in dem undankbaren Streßjob nicht angeboten. Vertrauensmann Krüger: «Wir reden uns untereinander nicht rein. Wie jeder sich verhält in Konflikten, ist unterschiedlich. Der eine ist beherrschter, der andere vergißt sich eher.» Bei der Dienststelle wird lediglich registriert, daß manche Prüfer nur selten in Auseinandersetzungen verwickelt werden und andere alle paar Wochen. «Es ist schwer, das vom grünen Tisch zu beurteilen», meint Abteilungsleiter Ansbach. «Man hat bei einigen Prüfern schon das komische Gefühl, der hat gegenüber den Fahrgästen nicht den richtigen Ton. Aber die sind sich keiner Schuld bewußt, viele merken das gar nicht, wenn sie den falschen Ton drauf haben.»

Immer häufiger nimmt Neumann auf seinen Kontrollfahrten heimlich eine Neun-Millimeter-Gaspistole, ein Messer und ein Abwehrspray mit, obwohl dies bei den Verkehrsbetrieben nicht erwünscht ist. «Wenn in der Zeitung steht, Fahrausweisprüfer zieht Gaspistole, das hätten wir nicht so gern», sagt der Abteilungsleiter. «Wenn wir Gaspistolen freigeben würden, dann würde sich das aufschaukeln. Dann würden bestimmte Fahrgastgruppen sagen, dann stecke ich mir auch was ein. Dann sind es irgendwann scharfe Waffen. Da sagen wir lieber, die Prüfer sind unbewaffnet, und damit hat sich's.» Doch eine ausdrückliche Dienstanweisung gibt es nicht. Und was die Prüfer in der Tasche haben, kontrolliert niemand.

Die Verlockung, diskret aufzurüsten, wächst. Denn die Auseinandersetzungen in Bussen und Bahnen nehmen an Schärfe zu. «Die Gewaltbereitschaft der Fahrgäste ist gewachsen», erläutert Vertrauensmann Bernd Krüger. «Vor zehn Jahren war noch eine Hemmschwelle da, heute nicht mehr.» Jetzt würden schon eher Konflikte nicht nur mit den Fäusten, sondern mit Waffen ausgetragen. Häufig sei auch, daß einer die Jacke öffnet und ein Messergriff oder Pistolenknauf herausblitzt – ein Akt von Bedrohung, der in keinem Vorfallsbericht auftaucht. «Trotzdem, uns ist nur erlaubt, was jedem erlaubt ist», betont Krüger. «Mit solchen Mittelchen ist nicht zu spaßen.»

Auch Neumann ist in der Frage zwiespältig. Denn er weiß, eine Gaspistole verschärft Konflikte, statt sie zu verhindern. «Am Ende hole ich die raus, und der andere zieht eine scharfe Waffe. Man weiß nicht, wie die Leute reagieren.» Doch beruhigt es ihn, «mit Klamotten» zu gehen. «Man tritt ganz anders auf. Und wenn es zu eng wird, würde ich sie unter Garantie auch benutzen.» Es schmeichelt dem Kontrolleur, wenn Kollegen seine Ruhe auch in brenzligen Situationen bewundern und wenn er ertappte Schwarzfahrer, die fliehen wollen, wie ein Schraubstock umklammert. Informell heißt es zwar, die Prüfer bräuchten nicht ihre Gesundheit zu riskieren. Doch Neumannn glaubt, der Verzicht auf Kontrollen könne ihm als Arbeitsverweigerung ausgelegt werden. Dabei gibt es keine verläßlichen Merkmale, «ob einer Theater macht». Ob in Lederjacke oder im Anzug, die Gewaltbereitschaft hat kein einheitliches Äußeres.

Es ist ein lauer Sommerabend, als Neumann und seine Kollegen auf eine Gruppe von acht Jugendlichen treffen, die erst, als sie die Kontrolle registrieren, ihre Fahrscheine rasch abstempeln. Sie legen ihre Füße auf die Sitze, einer raucht. Ein anderer Fahrgast weist die Kontrolleure empört darauf hin. Neumann würde lieber nicht einschreiten, denn es scheint Ärger zu geben. Während seine Kollegen die Fahrgäste vorne im Wagen kontrollieren, spricht er alleine die Clique an, Jugendliche zwischen 14 und 18. «Was willste?» fragt einer, und ein anderer fährt ihm mit der

Faust ins Gesicht. Neumann teilt selber kräftig Hiebe aus. Einen Jugendlichen schlägt er mit gespreizten Fingern und quetscht ihm ein Auge. Einem anderen zertrümmert er das Nasenbein, mit einer Technik die er aus dem Kampfsport kennt und die hochgefährlich ist – bei einem noch härteren Schlag können Knochensplitter ins Gehirn dringen, mit möglicher Todesfolge. Neumann kennt kein Maß mehr. Ein Junge zieht ein Butterfly-Messer, worauf ihn der Kontrolleur mit einem Farbmarkierungsspray ansprüht.

An der Endstation wankt Neumann aus der Bahn. Plötzlich läuft der Jugendliche mit gezogenem Messer auf einen der anderen Fahrscheinprüfer zu, doch der kann zur Seite springen. Dann rennen die Jugendlichen davon. Neumann hat Prellungen, Zehenbrüche und einen Hörsturz davongetragen.

Die Polizei ermittelt gegen die Clique wegen gefährlicher Körperverletzung und faßt kurz darauf vier der Jugendlichen an einem nahen Badesee. Einer fällt auf, weil seiner blauweißen Baseballkappe rote Sprühfarbe anhaftet. Einer der anderen trägt in seinem Rucksack ein graues T-Shirt, das ebenfalls rot verfärbt ist. Die Freunde geben an, der Junge mit dem Messer heiße «Ecki». Er habe die Kappe und das T-Shirt weggeworfen, die hätten sie bloß mitgenommen. Übereinstimmend behaupten die Jugendlichen: «Außer Ecki hat keiner was gemacht.»

Mit anhaltendem Ohrensausen und Schwindelgefühlen liegt Neumann drei Wochen lang im Krankenhaus. Er fühlt sich allein gelassen. Zwei Freunde besuchen ihn ab und zu, von der Firma läßt sich niemand blicken. «Keiner hat gefragt, wie es mir geht nach dem ganzen Humbug.» Als er wieder zu Hause ist, stürzt er beim Gardinenaufhängen von der Leiter und bleibt stundenlang auf dem Boden liegen, weil jede Bewegung schmerzt. Als er nach Monaten wieder versuchsweise die Arbeit aufnimmt, spürt er einen pochenden Schmerz im Rücken, und mehr noch wiegt die Furcht. «Wenn ein paar Leute zusammenstehen, bin ich gleich elektrisch. Man wird ein bißchen überempfindlich. Ich habe immer um mich geblickt, ob es im nächsten Moment wieder losgeht.» Nach einer Woche bricht er die Arbeit ab. Die Kollegen haben dafür nur einen mürrischen Kommentar übrig, «wartest wohl auf die Rente».

Eine Wut auf die Jugendlichen, mit denen er sich geprügelt hat, empfindet Neumann nicht. Die Zeiten seien heute eben laxer, meint er. «Wenn wir damals im Schulbus Rambozambo gemacht haben, kam der Fahrer nach hinten und hat uns eine gescheuert. Heute würde sich das keiner mehr trauen.» 15 000 Mark Schmerzensgeld und Schadensersatz hat sein Rechtsanwalt den Jugendlichen in Rechnung gestellt. Die Chancen, diesen Anspruch durchzusetzen, sind gering.

Weil Neumann statt seines regulären Gehalts Verletztengeld bezieht und ihm weiter die Unterhaltszahlungen abgezogen werden, bleibt ihm kaum mehr zum Leben als der Sozialhilfesatz. Ein paar seiner Waffen hat er verkauft, die Zweizimmerwohnung gegen ein Zimmer zur Untermiete eingetauscht. Die Wochenendausflüge mit Westernfans kann er sich nicht mehr leisten.

Fast unentwegt hört er ein Pfeifen, das sich verstärkt, wenn er sich aufregt – Folge des Hörsturzes. Mit seinen Freunden, meint Neumann, gibt es darüber nicht viel zu reden. «Man sieht ja, wenn es einem schlechtgeht.» Wenn er doch mal klagt, dann über den «ganzen Humbug» und daß die Firma nicht hinter ihm stehe. Er würde gern als Prüfer aufhören und lieber in der U-Bahn-Aufsicht oder im Fahrscheinverkauf arbeiten. Da aber sind keine Stellen frei. Nun fürchtet er seine Entlassung.

«Was Neumann passiert ist, hätte jedem von uns passieren können», sagt der Vertrauensmann der Prüfer, Alfred Krüger. «Keiner kann abschalten, wenn er Feierabend hat. Man geht nicht nach Hause und alles ist schön. Das beschäftigt einen doch, auch wenn es unbewußt ist.» An manchen Kollegen hat er mit der Zeit Veränderungen bemerkt. War es früher üblich, daß sie mit ihren Kontrollen in der Bahn bereits bei der Fahrt zur Arbeit begannen, warten sie heute, bis sie zu mehreren sind. «Manche, die früher in der ersten Reihe gekämpft haben, sagen, das machen sie heute nicht mehr.»

Auch die Ermittlungen der Polizei verschaffen Bernd Neumann keine Genugtuung. Wochen nach der Schlägerei in der Bahn ermittelt die Polizei zwar einen Sechzehnjährigen. Er könnte der gesuchte Ecki sein und ist als Gewalttäter aktenkundig geworden. Die Kontrolleure bekommen Fotografien vorgelegt. Sie sind unsicher. Neumann ist der einzige, der den Jugendlichen als Messerstecher identifiziert. Weitere Monate verstreichen, bis der Verdächtige verhört wird. Der junge Tankwart gibt an, er sei im Sommer gar nicht in Hannover, sondern in Slowenien gewesen, und ein Klappmesser habe er nicht. «Seit den letzten Geschichten trage ich keinerlei Waffen mehr bei mir», sagt er. «Ich hatte deswegen genug Ärger. Ich würde nie einen Menschen mit einem Messer angreifen, man könnte ihn ja aus Versehen umbringen. Messer ist nicht mein Ding.»

Sein Alibi gilt als glaubwürdig, und so hat sich die letzte Spur verflüchtigt. Dem Abschlußbericht der Polizei zufolge ist «die in den Vernehmungen als Messerstecher bezeichnete Person nach wie vor unbekannt». Das Verfahren wird eingestellt, wie die Staatsanwaltschaft mitteilt: «Weitere Ansätze, denjenigen, der das Messer benutzt hat, zu ermitteln, sind derzeit nicht vorhanden. Sollten die übrigen Beschuldigten gleichwohl an der Auseinandersetzung beteiligt gewesen sein, ist ihr Tatbeitrag jedoch als untergeordnet anzusehen. Eine strafrechtliche Ahndung scheidet insoweit aus, weil keine besonderen erzieherischen Gründe gegeben sind, die ein Einschreiten mit strafrechtlichen Mitteln als geboten erscheinen lassen.»

Weil damit niemand ermittelt ist, der den Kontrolleur mutwillig angegriffen hat, verliert Bernd Neumann auch seinen Anspruch auf staatliche Unterstützung nach dem Opferentschädigungsgesetz. Neumann fühlt sich ein weiteres Mal allein gelassen. Er schwankt zwischen Zorn auf den Staat und die Verkehrsbetriebe und Selbstmitleid. «Am besten hätten sie mich gleich umgebracht», meint er bitter, «dann hat man seine Ruhe und muß nicht herumkrepeln mit all den bleibenden Schäden.»

Inventur des Schreckens

Gewaltopfer und ihr Anspruch auf
staatliche Entschädigung

Opfer von Gewalttaten erleiden nicht nur Verletzungen an Körper und Seele. Oft zeigen sich die weiteren Folgen erst schleichend und allmählich in ihrer gesamten Tragweite. Dann nämlich, wenn sich Gewaltopfer nicht mehr aus dem Haus trauen oder durch Ängste belastet sind. Wenn sich Folgeleiden einstellen wie Magenbeschwerden oder Kopfschmerzen, wenn Menschen suchtkrank werden oder depressiv. Diese Gesundheitsschäden können nicht nur die Lebensqualität mindern, sondern auch die Arbeitskraft beeinträchtigen. Wenn aber Verbrechensopfer nach der Straftat nicht mehr leistungs- und erwerbsfähig sind wie vorher, drohen ihnen materielle Einbußen, die in manchen Fällen ruinös sind.

Um Opfer vor diesen Spätfolgen der Tat zu bewahren, beschloß der Bundestag 1976 einstimmig das Opferentschädigungsgesetz (OEG). Danach sollen Gewaltopfer für ihre gesundheitlichen und wirtschaftlichen Einbußen vom Staat entschädigt werden. Der Staat, so der Grundgedanke des Gesetzes, ist als Hüter aller Gewalt auch für die Unversehrtheit seiner Bürger verantwortlich. Dann versuchen die Behörden ihrerseits, die ausgezahlten Gelder von den Tätern wieder einzutreiben.

Doch im Gesetz ist eng umrissen, wer einen Antrag stellen

kann. Die Betroffenen müssen nachweisen, daß sie geschädigt sind, daß der Täter sie absichtlich und nicht etwa fahrlässig verletzt hat und daß sie für das Geschehen nicht verantwortlich sind. Zudem müssen sie die Straftat sofort angezeigt und alles ihnen Mögliche zur Verfolgung des Täters beigetragen haben. In der Regel warten die Beamten das Ende des Gerichtsverfahrens ab, um dann die Gewalttat aufs neue darauf abzuklopfen, ob die Ansprüche der Leidtragenden berechtigt sind. Nur wer «infolge eines vorsätzlichen, rechtswidrigen tätlichen Angriffs gegen seine oder eine andere Person oder durch dessen rechtmäßige Abwehr eine gesundheitliche Schädigung erlitten hat, erhält wegen der gesundheitlichen und wirtschaftlichen Folgen auf Antrag Versorgung». Zuständig für die Entschädigungsverfahren sind die örtlichen Versorgungsämter. «Wie Krümel suchen Versorgungsbeamte oft nach Argumenten, die Opfer nicht zu entschädigen», resümiert Helmut Rüster, Sprecher der Opferhilfsorganisation Weißer Ring. «Oft müssen sich die Betroffenen entwürdigende Vorhaltungen machen lassen.»

Die Rentnerin Ilse Günter wird nachts von einem Unbekannten überfallen, der versucht, ihr die Handtasche zu entreißen. Der Räuber schlägt auf die alte Dame ein, zertrümmert ihr das Jochbein. Doch die frühere Bankangestellte klammert sich an ihre Tasche und schreit so laut, daß er ohne Beute von ihr abläßt und flieht. Der Täter wird nie gefaßt. Ilse Günter leidet seit der Tat unter ständigen Kopfschmerzen. Sie stellt einen Antrag auf Entschädigung beim Kieler Versorgungsamt. Der wird abgelehnt, Begründung: «Da der angebliche Täter Ihnen die Handtasche nicht entwendet hat, was wenig wahrscheinlich sein dürfte, könnte es auch sein, daß Sie sich die Verletzungen auf eine andere Weise zugezogen haben.» Damit wird die überfallene Rentnerin nicht nur abgewiesen, sondern obendrein als Lügnerin abgestempelt. Die Behörde konstruiert eine Logik des Verbrechens, um die Schilderung der Betroffenen in ihrer Glaubwürdigkeit zu erschüttern.

Im Strafprozeß gilt: Im Zweifel für den Angeklagten. Wenn ein Verbrechen und damit die Schuld des Täters nicht bis ins letzte aufgeklärt werden kann, ist von seiner Unschuld auszugehen. Im Entschädigungsverfahren heißt es: Im Zweifel gegen das Opfer. Der von einer Straftat Betroffene steht in der Nachweispflicht, gleichsam als Kläger gegen die Obrigkeit. Die Last des Beweises liegt ausgerechnet bei den Menschen, die sich in einer dramatischen Ausnahmesituation ihres Lebens befinden und in der Regel rechtsunerfahren sind.

Einer älteren Dame, die überfallen und ihrer Handtasche beraubt wird und die man schließlich völlig verwirrt vor ihrer Wohnungstür findet, schreibt die Berliner Versorgungsverwaltung, es fehle an der «nötigen Geschlossenheit und Widerspruchsfreiheit» ihrer Angaben, weil die Dame etwa die Zahl der Täter nicht anzugeben vermöge. Theoretisch könne sie auch gestürzt sein. «Mithin ist von einer Beweislosigkeit auszugehen.»

Diese erneute Opfererfahrung wirkt oft nachhaltiger als die eigentliche Tat. Vom abgeurteilten Täter kann sich das Opfer abgrenzen. Der hat sich rechtswidrig verhalten und ist dafür bestraft worden. Doch von der Behörde hat sich die Betroffene Hilfe erhofft und erlebt es als um so schmerzlicher, wenn ihr Leid zur Phantasie umgedichtet wird. Ein Behördenspruch zum Verrücktwerden. Und leider kein Einzelfall. «Wir überlegen sehr genau, welchen unserer Klienten wir raten können, sich das Entschädigungsverfahren zuzumuten», erläutert Peter Giese, Leiter der Hamburger Opferhilfe-Beratungsstelle. «Vielen geht es danach eher schlechter als vorher.»

Das Opferentschädigungsgesetz ist angelehnt an die Bestimmungen zur staatlichen Versorgung der Kriegsopfer – und die rechnen den Grad der Verstümmelung in Heller und Pfennig um. Der Verlust eines Auges beispielsweise zählt in der Regel als eine dreißigprozentige Erwerbsminderung. In der amtlichen Inventur des Grauens war seelisches Leid bis vor wenigen Jahren überhaupt nicht vorgesehen. Die Angst der Opfer fand sich nicht in den Tabellen der Versorgungsbeamten.

Wenn der Täter nicht gefaßt wird, entscheiden die Behörden häufig zu Lasten des Opfers – übrigens mit höchstrichterlicher Rückendeckung. Das Bundessozialgericht befand 1988: «Die Schwierigkeit, die feindselige Haltung eines unbekannten Täters nachzuweisen, rechtfertigt keine Beweiserleichterung.» Dies offenbart die entscheidende Schwachstelle des Opferentschädigungsgesetzes, nach dem weitaus mehr Menschen enttäuscht wurden als je entschädigt. Es orientiert sich nicht am Leiden der Betroffenen, sondern an äußeren Merkmalen der Tat und der Zielstrebigkeit des Täters. Ob allerdings der Täter absichtlich handelte, bestimmt nicht die körperlichen und finanziellen Folgen für das Opfer. Zumindest bei Angriffen mit Waffengewalt, fordert beispielsweise der Weiße Ring, sei grundsätzlich von einem vorsätzlichen, rechtswidrigen tätlichen Angriff auszugehen.

Selbst wenn die Gewalttat aktenkundig wurde, wenn der Täter gefaßt und verurteilt wurde, selbst dann suchen Mitarbeiter der Versorgungsämter nach Argumenten, um einen «tätlichen Angriff» im Sinne des Gesetzes abzustreiten.

Das Versorgungsamt Trier lehnte den Antrag auf Entschädigung an einem achtjährigen Mädchen nach schwerem sexuellem Mißbrauch ab. Obwohl der Täter zu einer Freiheitsstrafe verurteilt wurde, befanden die Beamten, es habe kein vorsätzlicher rechtswidriger Angriff stattgefunden. Denn, so die abstruse Begründung: «Der sexuelle Mißbrauch von Kindern kann auch gewaltlos geschehen.» Der Mißbrauch sei «sicherlich auch von der Antragstellerin als spielerisch empfunden worden».

Kaum ein Verbrechen richtet so verheerenden seelischen Schaden an wie der Übergriff gegen die sexuelle Selbstbestimmung. Was am Stammtisch kaum noch jemand zu mutmaßen wagt, daß nämlich der Mißbrauch an einem kleinen Kind vielleicht nur ein Spiel gewesen sei – deutsche Beamte formulieren so ein Schreiben an die betroffene Familie. So wundert es auch nicht, daß bislang vergewaltigte Frauen kaum Leistungen nach dem Opferentschädigungsgesetz erhalten.

Ungeachtet der Not des Opfers können nach dem Opferentschädigungsgesetz Zahlungen dann verweigert werden, «wenn der Geschädigte es unterlassen hat, das ihm Mögliche zur Aufklärung des Sachverhalts und zur Verfolgung der Täter beizutragen, insbesondere unverzüglich Anzeige bei einer für die Strafverfolgung zuständigen Behörde zu erstatten». Wie im Fall von Holger Hempel. Unbekannte schlagen den Kochlehrling nieder. Ein Bekannter findet das hilflose Opfer und leistet Erste Hilfe. Beide erkennen zunächst nicht, wie schwer die Verletzungen sind. Weil sein Auge am nächsten Tag heftig schmerzt, läßt sich Hempel ins Krankenhaus fahren. Diagnose: Die Sehkraft wird zeitlebens beeinträchtigt bleiben. Der Zweiundzwanzigjährige kann seinen Beruf nicht mehr ausüben. Das Versorgungsamt verweigert ihm eine Rente. Das Opfer habe versäumt, sofort die Polizei zu alarmieren, darum seien die Täter nicht zu verfolgen. Ein Anwalt des Weißen Rings verklagt die Behörde vor dem Düsseldorfer Sozialgericht, mit Erfolg: Immerhin bekommt Holger Hempel nun eine schmale Rente.

Die Versorgungsämter lassen sich für ihre Entscheidungen oft Monate, wenn nicht Jahre Zeit. Am Ende dieser langwierigen bürokratischen Prozedur steht meist die Ablehnung aller Ansprüche. 1993 fielen mehr als 160 000 Menschen einer Gewalttat zum Opfer. Im selben Jahr gingen bei den Versorgungsämtern 24 461 Anträge ein, also von etwa jedem siebten Betroffenen. Die Mehrzahl der Anträge lehnten die Beamten ab. Für Helmut Rüster vom Weißen Ring ein klarer Beleg «für eine immer wieder herzlose und mit notwendiger Hilfe geizende Bürokratie». Auch der Bundesrechnungshof rügte bereits eine Reihe von Entscheidungen der Versorgungsämter, die mangelhaft und verspätet entschieden hatten, zuweilen erst Jahre nach Abschluß des Gerichtsverfahrens.

Vergeblich regte Bundessozialminister Norbert Blüm die Versorgungsämter an, die Verfahren zu beschleunigen und zumindest eine grundsätzliche Entscheidung über die Ansprüche des Opfers zu fällen, auch wenn das Gerichtsverfahren noch schwebe. «Dies gilt insbesondere für Fälle, in denen offensichtlich eine Gewalttat vorliegt, wenn auch der Täter noch nicht ermittelt werden konnte.» Im Alltag sind solche sogenannten Vorbehaltsbescheide selten, und sie schützen die Leidtragenden nicht vor bösen Überraschungen. Denn sollte das Gericht beispielsweise nicht von einem Vorsatz des Täters ausgehen, dann müßten die Opfer bereits erhaltenes Geld wieder zurückzahlen.

Nicht einmal jeder dritte, der einen Antrag auf Entschädigung stellt, erhält – meist einmalig oder für kurze Zeit – Geld vom Versorgungsamt. Bleibende Verletzungsfolgen bescheinigten die Behörden 1993 lediglich 693 Menschen, meist Witwen und Waisen. Gemessen an einer Zahl von 160000 Betroffenen von Gewalt entspricht dies einem Anteil von 0,4 Prozent.

Dabei sind die ausgezahlten Summen lächerlich gering. Wer so sehr unter den Folgen einer Straftat leidet, daß er überhaupt nicht mehr arbeiten kann, erhält gerade 1110 Mark im Monat. Wer beispielsweise von einem Straßenräuber so schwer verletzt wurde, daß er als zu 30 Prozent erwerbsgemindert gilt, hat allenfalls Anspruch auf eine monatliche Rente von 212 Mark. Das Kind eines Ermordeten kann eine Halbwaisenrente von monatlich 188 Mark beantragen: staatliche Almosen am Rande der Sozialhilfe. Selbst nach einem günstigen Bescheid erhalten die Betroffenen selten Geld – von 1993 insgesamt ausgezahlten 70 Millionen Mark flossen rund 60 Millionen Mark an die Krankenkassen zur Erstattung von Kosten für Heilbehandlungen. Das Gesetz für die Entschädigung der Opfer ist zu einem Krankenkassenentschädigungsgesetz verkommen.

Alle Rechte auf die Erstattung der Behandlungskosten erlöschen, wenn die Betroffenen einen Antrag nicht fristgemäß innerhalb eines Jahres nach der Tat stellen. Beantragen sie später, weil sie beispielsweise erst später von ihren Rechten erfahren haben, gelten ihre Ansprüche erst ab dem Tag der Antragstellung.

Daß so vergleichsweise wenige Menschen einen Antrag auf Entschädigung stellen, liegt nach Ansicht der Behörden nicht etwa daran, wie schwerfällig und engherzig sie entscheiden. Als Grund dafür geben die Landesversorgungsämter an, «daß viele Verletzungen schnell abgeheilt sind und viele Opfer bewußt eine staatliche Entschädigung ablehnen und das staatliche Verfahren vermeiden wollen».

Tatsächlich ist das Opferentschädigungsgesetz weithin unbekannt. Die meisten Betroffenen kennen das Gesetz gar nicht und stellen deshalb nicht einmal einen Antrag. Sinnvoll wäre, daß die Betroffenen schon beim ersten Kontakt mit der Polizei formlos ihre Ansprüche anmelden können. Doch der Fehler steckt nicht im Detail, sondern im System. Es belastet die Verbrechensopfer vor allem, daß sie nach dem Gerichtsprozeß ein weiteres bürokratisches Verfahren durchstehen müssen. Eine Reform im Interesse der Opfer müßte darauf hinauslaufen, ihre Ansprüche auf Entschädigung bereits während der Gerichtsverhandlung oder im außergerichtlichen Ausgleich mit dem Täter zu klären.

Seit 1990 gilt das Gesetz auch für Bürger der Europäischen Union, soweit sie in Deutschland Opfer eines Verbrechens wurden. Nachdem hierzulande Asylbewerberheime brannten, beschloß der Bundestag eilig eine Gesetzesnovelle, nach der nun alle Betroffenen ungeachtet ihrer Nationalität entschädigt werden können. Allerdings gilt eine Reihe von Einschränkungen. Beispielsweise erhalten volle Leistungen nach dem Opferentschädigungsgesetz wie Deutsche und EU-Bürger nur diejenigen ausländischen Opfer, die sich vor der Tat bereits drei Jahre rechtmäßig in Deutschland aufgehalten haben.

Wenn das Versorgungsamt den Antrag eines Opfers auf Entschädigung ablehnt, bleibt nur noch der Gang zum Sozialgericht. Dazu fehlt vielen schlicht die Kraft, denn die Versorgungsämter gelten als besonders prozeßfreudig – selbst bei einer Entscheidung des Sozialgerichts zugunsten der Opfer gehen sie häufig in Berufung. So schöpfen sie ihre juristische Übermacht aus und demütigen die Betroffenen ein weiteres Mal.

In einer Konstanzer Gaststätte feiert der damals dreiundzwanzigjährige Rainer Bode seine Verlobung. Am späten Abend kommen vier Männer in das Lokal, fangen Streit mit dem Wirt an und belästigen mehrere Frauen. Rainer Bode stellt sich schützend vor seine Gäste und versucht, die Eindringlinge vor der Kneipe zu besänftigen. Er wird mit einer Eisenstange niedergeschlagen und ist seitdem zu 50 Prozent erwerbsgemindert. Doch das Versorgungsamt lehnt eine Rente für ihn ab, «da sein Verhalten als eine vermeidbare Selbstgefährdung anzusehen sei».

Es kommt zum Gerichtsverfahren, das sich über mehrere Instanzen zieht. Schließlich verwirft das Bundessozialgericht die ablehnende Entscheidung. Wer Frieden stiften und Gewalttäter zu einem gesetzmäßigen Verhalten veranlassen wolle, dürfe auch Gefahren auf sich nehmen.

Jeder habe zunächst das Recht, sich selbst zu helfen, soweit er sich dabei friedlich verhalte. Trotzdem erhält Rainer Bode nach diesem Richterspruch noch längst keine Zahlungen, die Entscheidung wird lediglich an das Landessozialgericht zurückverwiesen. Weil die Verfahrenskosten mit jeder Instanz steigen, wird der Streit gegen die Versorgungsbehörde zum Poker. Verliert der Betroffene, muß er die Kosten für seinen Anwalt selber tragen.

Opfer haben zwar die Möglichkeit, Entschädigung zu verlangen, doch sind sie dabei gegenüber den Tätern benachteiligt. Während die Allgemeinheit dem Beschuldigten einen eigenen Anwalt kostenlos zur Seite stellt, müssen die Geschädigten ihre finanziellen Ansprüche auf eigenes Kostenrisiko einklagen – eine eigenartige Benachteiligung. Aus diesem Grund bezahlt der Weiße Ring zahlreichen Betroffenen einen Anwalt, wenn sie gegen Entscheidungen der Versorgungsverwaltung angehen.

Wenn also Verbrechensopfer eine Wiedergutmachung vom Täter erzwingen wollen, müssen sie von sich aus handeln und den Täter verklagen. Dann entscheidet ein weiteres Gericht in einem weiteren Verfahren, werden die Ansprüche meist nach Aktenlage neu verhandelt und müssen sich die Opfer aufs neue mit dem schmerzhaften Geschehen konfrontieren, in der Regel Jahre nach der Tat. Sie müssen sich einen Rechtsanwalt suchen und ihn zunächst bezahlen. All dies mit hohem Risiko – selbst wenn sie einen gültigen Rechtstitel, also einen gerichtlich bestätigten Schadensersatzanspruch gegen den Täter erwirkt haben, ist dieser das Papier nicht wert, auf dem er steht, wenn der Täter mittellos ist.

Die Benachteiligung der Opfer vor Gericht wurde bereits vor mehr als hundert Jahren in einem Rechtsgrundsatz festgehalten, dem sogenannten Bindingschen Dogma, nach dem Strafe und Schadensersatz strikt voneinander zu trennen seien. Zwar ist im deutschen Recht die Möglichkeit vorgesehen, Strafprozeß und Zivilklage zu einem sogenannten Adhäsionsverfahren zu verbinden. Das allerdings wird kaum je angewandt und gilt unter vielen Juristen als kompliziert und langwierig, weil nicht nur über die Schuld des Täters befunden, sondern auch die Höhe des Schadens auf Mark und Pfennig genau festgestellt und bewiesen werden muß. Durchaus denkbar wäre aber eine Gesetzesänderung, wonach der überführte Straftäter zu einer Geldbuße an das Opfer zu verurteilen wäre.

Wenn Straftäter an die Gerichtskasse zu zahlen haben, treibt der Staat diese Bußgelder mit Nachdruck ein. Notfalls kommt der Gerichtsvollzieher, um Hab und Gut der Verurteilten zu beschlagnahmen. Doch die Verbrechensopfer sehen davon keinen Pfennig Entschädigung, selbst wenn sie nach der Straftat in finanzielle Not geraten sind. Diese Ungerechtigkeit hat Tradition: Bereits im ausgehenden Mittelalter entdeckten die Fürsten und hohen Herren das Strafrecht, um auf Kosten der Verletzten ihre eigenen Kassen zu füllen.

Zumindest die eingezahlten Geldbußen von Straftätern sollten an die Opfer weitergegeben werden, soweit sie ihre Schadensersatzansprüche glaubhaft gemacht haben. In den USA fließen nach Bundesrecht die Bußgelder von Verurteilten nicht in die Staatskasse, sondern in einen Fond zur Entschädigung von Verbrechensopfern. Ähnlich wird auch in Österreich verfahren – ein Beleg dafür, daß auch in einer Rechtsordnung, die mit der deutschen vergleichbar ist, die Opferinteressen bereits im Gerichtssaal gestärkt werden könnten.

Bei der Hilfe, die so wichtig ist, muß es übrigens nicht immer um hohe Summen gehen. Der Wiesbadener Oberstaatsanwalt Wolfram Schädler erinnert sich an eine Putzfrau, der man das Fahrrad gestohlen hatte – wie es zunächst schien, ein Bagatelldelikt. «Um so überraschter waren wir, daß diese Frau in Tränen ausbrach und erklärte, daß ihr ganzes finanzielles System zusammengebrochen war.» Sie verdiente kaum etwas, konnte sich Bus und Bahn nicht leisten. Das Fahrrad war nicht versichert, und die Frau wußte nicht mehr weiter. Ein Polizeibeamter regte an, ihr unbürokratisch zu helfen: Man beschaffte ihr ein neues Rad.

Vor Gericht

Der Zeuge

Die Geschichte von Marco, Zeuge

Als der sechzehnjährige Marco und seine Freunde aus dem Bus steigen, verspricht der Nachmittag spannend zu werden. «Da ist Beule», ruft Marco, «laß uns mal gucken!» Mehrere Männer prügeln sich vor einer Videothek in Hamburg-Billstedt. Die Jungen und Mädchen eilen zu dem Kundenparkplatz vor der Videothek. Marco hat in seinem Stadtteil schon häufig Schlägereien miterlebt. Doch diesmal ist es anders. Einer der Männer, der eine schwarze Bomberjacke trägt, hält plötzlich ein Messer in der Hand. Er sticht seinem Kontrahenten in die Brust.

Der Getroffene schreit nicht. Er preßt die Hand auf die Wunde und sackt zusammen. Der Täter rennt dicht an den Jugendlichen vorbei. Wie gebannt bleiben sie hinter einem Auto stehen und beobachten, wie sich Männer über das Opfer beugen. Ein Passant hält dem Sterbenden die Brust, Blut rinnt über seine Hand. Jemand rennt aus der Videothek heraus und ruft, Polizei und Notarzt seien schon unterwegs. Doch die Hilfe kommt zu spät. Der Begleiter des Verletzten schlägt die Hände über dem Kopf zusammen und schreit, «laß mich nicht im Stich!» Ihm strömen die Tränen über die Wangen. Marco starrt auf den weinenden Mann, und dieser Anblick erscheint ihm ebenso exotisch wie der Tote auf dem Asphalt. «Da stirbt jemand vor meiner Nase, und man kann nichts tun», denkt er. Auch seine Freundinnen sind in Tränen ausgebrochen, und er nimmt die beiden Mädchen abwechselnd in die Arme. Das Geschehen ergibt für ihn keinen Sinn: «Der Mann war vielleicht Mitte Dreißig, das ist doch noch nicht so alt.»

Rasch füllt sich der Parkplatz mit Schaulustigen. Mit heulenden Sirenen trifft die Polizei ein und sperrt die Szenerie. Einer der Beamten fragt nach Zeugen, und die Jugendlichen melden sich. Es ist wohltuend, jetzt etwas tun zu können, und die Stimmung der Clique kippt. «Zeuge zu sein von einem Mord, das war cool», erinnert sich Marco. «Uns war gar nicht bewußt, was da noch alles auf uns zukommt.»

Im Polizeipräsidium wird er von seinen Freunden getrennt und muß zwei Stunden warten, gemeinsam mit den übrigen Zeugen. Man reicht sich Zigaretten. Draußen dämmert es. Eine Frau läuft weinend durch den Flur und will zu ihrem Mann, der gerade verhört wird. «Und wir sind fast krepiert vor Hunger», erinnert sich Marco. Schließlich wird er hineingebeten, muß einen Personalienbogen ausfüllen und das Geschehen schildern. Er kann wenig darüber sagen, wie es zu der Tat kam – aus seiner Sicht war da ein Gerangel, und dann plötzlich der Messerstich. Die Beamten wollen vor allem wissen, wie der Täter aussieht, Größe, Statur, Haarfarbe, welchen Haarschnitt er trägt. Sie fragen routiniert und sachlich. «Wie es einem geht, das interessiert die doch gar nicht», glaubt Marco.

Als der Sechzehnjährige spätabends nach Hause kommt und erzählt, was passiert ist, sind seine Eltern entsetzt. «Was treibst du dich denn da rum», fragen sie, «stell dir mal vor, die hätten rumgeschossen». In den folgenden Nächten schläft Marco unruhig. In seinen Träumen sieht er den Fremden wieder zustechen, und da ist dieses unbeschreibliche Geräusch, wie das Messer in den Körper eindringt. Dann schreckt Marco auf und liegt lange wach im Bett. Seinen Eltern erzählt er nichts davon, «die hätten sich nur wieder aufgeregt».

Eine Woche später werden die Jugendlichen nochmals zur Polizei gebeten, bekommen Bildermappen vorgelegt und erkennen den Täter, ohne zu zögern. Wenig später wird er gefaßt. Die Freunde reden häufig darüber. Der Täter, hat einer erfahren, soll aus dem Milieu stammen, ein Zuhälter aus Sankt Pauli. Sie fürchten, daß er die Zeugen der Tat nicht entkommen lassen wird, und malen sich aus, daß sie von seinen Kumpanen längst beschattet werden. Jetzt bereuen sie, daß sie sich als Zeugen gemeldet haben. Wenn sie vor Gericht aussagen müssen, beschließen sie, wollen sie Perücken tragen, und Marco will mit Hut und Bart erscheinen. Ihm kommt es nun eigenartig vor, wenn Altersgenossen mit ihren Messern prahlen, von scharfen Pistolen träumen und Gangsta-Rap hören. Gangsta-Rap, das sind die Stakkato-Songs aus den Elendsvierteln zwischen Bronx und South Brooklyn, Lieder von düsterer Rebellion, von Kampf und Rache im Großstadtdschungel.

Marco möchte die Tat möglichst rasch vergessen, doch bald macht auch in der Schule die Runde, daß er Zeuge einer Messerstecherei geworden ist. «Vielleicht wirst du noch umgebracht», entfährt es einem Mitschüler. Da fragt Marco seinen Klassenlehrer, ob der Täter seinen Namen erfahren wird und ob er ihn in der Gerichtsverhandlung wiedersehen muß. Der Lehrer verspricht, einen befreundeten Richter zu fragen, und der berichtet ihm vom Zeugenbetreuungszimmer der Hamburger Strafgerichte. Es ist eine neuartige Einrichtung der Justiz, die es bundesweit nur an einem knappen Dutzend Gerichte gibt. Hier können sich Zeugen und ihre Angehörigen über ihre Rechte und Pflichten informieren lassen und über ihre Ängste sprechen. Im Hamburger Zeugenbetreuungszimmer treffen die Jugendlichen die Beraterin Gerda Rose-Guddusch. Sie erfahren von ihr, daß Hüte vor Gericht nicht üblich sind, aber daß sie keine Kronzeugen seien und keine Bedrohung fürchten müßten. Sie können sich nun vorstellen, wie das Gerichtsverfahren laufen wird, und sind etwas beruhigt.

Dann verstreicht viel Zeit. Der Prozeß wird erst mehr als ein Jahr nach der Tat eröffnet, als Marco das alles schon fast vergessen hatte, «ich wollte davon nichts mehr wissen». Am Morgen der Verhandlung kommen Marco und sein Freund Sahab, der noch vor ihm aussagen soll, in das Zeugenzimmer. Nervös zieht Sahab an seiner Zigarette. «Was soll ich denn sagen, ich kann mich an gar nichts erinnern!» Gerda Rose-Guddusch erklärt ihm, daß seine Zeugenvernehmung mit dem üblichen Hinweis beginnen werde, er habe die Wahrheit zu sagen. «Auf die Bibel?» fragt der Sechzehnjährige und lacht. Sahab versteht gar nicht, warum er überhaupt erscheinen muß, «die haben doch schon alles, ich habe doch alles bei der Polizei gesagt. Mehr weiß ich nicht, ich bin doch keine Maschine.»

Die Zeugenbetreuerin schildert, daß Richter entweder offen fragen oder klare Vorgaben geben. «Immer wenn dir was unklar ist, fragst du einfach nach. Der Richter wird manche Dinge vielleicht mehrmals fragen, und es kann sein, daß er dir aus der Akte vorliest und fragt, ob du dich dann daran erinnerst. Du sagst, was aus deiner Erinnerung heute richtig ist.» Sahab schüttelt den Kopf. «Das interessiert mich alles gar nicht mehr», sagt der Junge. «Du hättest das am liebsten vergessen?» fragt die Betreuerin. «Nein, wer was Unrechtes tut, soll schon bestraft werden», antwortet er. Aber bei der Polizei habe es doch geheißen, er könne auch anonym aussagen. «Das sollte man auch mal aufzeichnen, was die einem versprechen.»

Am Tag vor dem Prozeßbeginn stand in der Zeitung, der Täter sei schon seit einem halben Jahr auf freiem Fuß. «Wenn der wollte, hätte er uns längst verfolgt», tröstet Marco seinen Freund. Und leise fügt er hinzu, «wenn ich sterbe, sterbe ich eben». Die Jugendlichen wissen nicht, wie ein Gerichtssaal aussieht, wo die Juristen und wo der Angeklagte sitzen. Die Zeugenberaterin zeigt ihnen eine Skizze der Situation, und Marco stellt fest, daß er auf dem Weg zum Zeugenstand dicht am Täter vorbeigehen muß. «Heißt das, der könnte mich angreifen?» fragt Sahab. «Nein, nur damit du weißt, daß ihr euch relativ eng begegnet», erwidert die Betreuerin. Das wäre ja auch blödsinnig, ihn im Gerichtssaal anzufallen, meint Sahab. «Ist der angeschnallt», will er noch wissen, «ich meine, der Täter, ist der in Handschellen? Und wenn Marco seine Aussage gemacht hat, geht der dann auch nach Hause?» Wenn die beiden wollten, könnten sie sich hinterher wieder zu ihr ins Zeugenzimmer setzen, lädt sie Gerda Rose-Guddusch ein. Ob Sahab Angst habe? «Angst nicht», erwidert der Junge rasch und zieht an seiner Zigarette, «ich bin nervös. Ich bin hier zum ersten Mal vor Gericht.»

Das Telefon klingelt, es ist der Vorsitzende Richter. Sahab steht auf und geht. Marco blättert lustlos in einer der Zeitungen, die vor ihm liegen, und versinkt in dem weinroten Polstersessel. An der Wand hängt das Bild eines zartblauen Teiches, mit Seerosen bedeckt, und darauf klebt der Aufkleber des Notrufes für vergewaltigte Frauen und Mädchen. In einer Ecke liegen Bausteine und ein Stoffkrokodil. «Daß einer überhaupt den Mut hat, in jemanden einzustechen», raunt Marco.

Viele Zeugen, erläutert Gerda Rose-Guddusch, fürchten die Rache des Gewalttäters, «weil sie ihn als gewalttätig und unberechenbar erlebt haben, so daß sich ein Gefühl entwickelt, er könnte es wieder tun». Viele drückt die Verantwortung, mit der eigenen Aussage möglicherweise zu einer massiven Verurteilung des Täters beizutragen. Doch ein Zeuge muß erscheinen und aussagen, auch wenn er Angst hat. «Das Problem ist», sagt Marco, «daß ich kaum noch etwas weiß. Ich erinnere mich ganz dunkel, daß da noch irgend etwas war mit Hunden und daß irgendein Mann in ein Auto gestiegen ist. Da sind nur noch ein paar Bruchstücke, aber der Zusammenhang ist weg.» Marco bangt, vor Gericht bloßgestellt zu werden. Auch das Gesicht des Täters ist ihm nicht mehr vor Augen. Groß und stämmig hat er ihn in Erinnerung, ein Schlägertyp.

Da wird Marco aufgerufen. «Je schneller da rein, je schneller da raus», muntert ihn die Betreuerin auf, und beide gehen über den langen Flur, von dessen Decke Neonleuchten wie weiß schimmernde Zigarren herunterhängen. Die große Uhr am Ende des

Gangs springt klackend eine Minute weiter. Marco öffnet die schwere Holztür und tritt ein in den Sitzungssaal 290 des Landgerichts.

«Da erscheint Marco Sacchi», sagt der Richter und zwinkert ihm freundlich zu. «Auch Sie muß ich ermahnen, daß Sie bei der Wahrheit zu bleiben haben, weil Sie sich sonst strafbar machen. Dann sagen Sie uns bitte Ihre Personalien.» Marco nennt seinen Namen und wo er wohnt und muß auch angeben, wo er zur Schule geht. Marco spricht ganz leise. «Bitte lauter und deutlicher», bittet ihn der Richter. «Sie haben Beobachtungen gemacht, die uns helfen sollen, die Wahrheit herauszufinden. Sie müssen aber nicht alle Einzelheiten wissen.»

Marco sagt, daß seine Freunde und er aus dem Bus stiegen, daß sich mehrere Männer prügelten, bis einer plötzlich ein Messer zog. «Das ist grob die Geschichte», erwidert der Richter lächelnd, «aber wir wollen es genauer wissen. Wie viele Personen waren beteiligt?» Vier, erinnert sich der Junge. «Nun müssen wir genauer unterscheiden», fährt der Richter fort, «wie ging es da zu? Waren es drei gegen einen? Oder zwei gegen zwei? Vielleicht jeder gegen jeden?» Marco sieht den Angeklagten nicht an und berichtet, daß nach seiner Erinnerung jeweils zwei aufeinander eindroschen und daß sich der Mann in seinem Rücken geprügelt hat mit dem «Herrn, der jetzt gestorben ist». Auch in der Sprache des Gerichts bleiben die Akteure des Geschehens namenlos. Der Richter spricht von dem «Mann mit dem Messer, dem Täter, oder wie wir ihn nennen wollen».

Marco sitzt an einem braunen Resopaltisch und fühlt sich umschlossen von Richtern und Schöffen, die erhöht dicht vor ihm sitzen, sieht rechts den Staatsanwalt, der vor sich zwei Aktenordner und in rote Pappe eingeschlagene Handakten ausgebreitet hat, und links den Verteidiger. Ganz klein kommt er sich vor, «die haben die Obermacht und können einen kleinmachen, die haben die ganze Kontrolle über einen». Und links hinter sich weiß er ihn, den Täter, den er noch keinmal angesehen hat.

War es wirklich so, wie der Junge sagt? Oder waren zunächst nur drei Männer beteiligt, von denen zwei auf den Angeklagten einschlugen? Marco erscheint das belanglos, und ihn verläßt die Erinnerung an diese Details, die er sich bemüht hat zu vergessen und die mehr als ein Jahr zurückliegen. «Dann halte ich Ihnen nach 253 vor», sagt der Richter, «was Sie damals bei der Polizei gesagt haben.» Für Marco klingt die Vorhaltung wie eine Ermahnung, jetzt endlich die Wahrheit preiszugeben und den Täter nicht länger zu schonen.

Ihm scheint, als würde ihm niemand glauben. Hat er überhaupt frei sehen können? Und konnte er erkennen, woher der Täter das Messer zog? «Ich weiß nicht, woher er das Messer hatte», erklärt der Junge. «Es war plötzlich in seiner Hand.» Nun schaltet sich der Verteidiger ein: «Hat er mehrere Versuche gemacht?» Nein, antwortet Marco, «er stach einmal zu und traf.» Die Richterin neben dem Vorsitzenden sieht Marco skeptisch an und macht sich Notizen. Der Junge bekommt ein Foto vorgelegt. Er empfindet es als beruhigend, die in seinem Gedächtnis verschwommene Szene auf dem Farbfoto festgehalten zu sehen, und er deutet mit dem Finger darauf. Ja, dort, wo auf dem Polizeifoto nach der Tat ein weißrotes Sperrband flattert, da haben sie gestanden. «Dann haben Sie über den Wagen sehen müssen», stellt der Verteidiger triumphierend fest. Marco blickt ihn unsicher an.

Marco erklärt, daß er freie Sicht über den Wagen hinweg hatte. «Das kann nicht sein», fährt ihn der Anwalt an, «Sie können die Männer nicht ganz gesehen haben.» Tatsächlich hat sie der Junge nur oberhalb der Knie erblickt, hat er stets noch eine Barrikade zu dem schrecklichen Geschehen gewahrt, einen Rest von wohltuender Distanz zu der Gewalttat. Nun fühlt er sich als Prahlhans hingestellt, der sich seine Erinnerung nur zusammenphantasiert habe.

«Erkennen Sie den Mann heute wieder?» fragt der Richter. Marco wirft einen scheuen Blick zum Angeklagten, der die

Haare jetzt etwas kürzer trägt als damals. «Ja.» Der Angeklagte kratzt sich am Nacken. Heute trägt er ein hellblaues Hemd und ein schwarzes Sakko. Der Begleiter des Getöteten, der sein Bruder ist, wie Marco heute weiß, hatte damals den Messerstecher angeschrien, worauf der ihn mit einem Fausthieb zu Boden streckte. Ob das wirklich so gewesen sei, fragt der Richter. «Wenn ich das damals gesagt habe, war es so», erwidert Marco. Jetzt, mehr als ein Jahr nach der Schlägerei, könne er sich an vieles nur noch ungenau erinnern, bittet er um Verständnis. Bei der Polizei habe er es doch viel genauer gewußt. «Es kann schon sein, daß Sie es damals besser in Erinnerung hatten», erläutert der Richter geduldig, «aber es könnte ja sein, daß das jemand falsch aufgeschrieben hat.» Ob seine Erinnerung vielleicht verzerrt sei, ob es wirklich der Mann mit dem Messer gewesen sei, der auch den Bruder seines Opfers niedergeschlagen habe? «Er war ja ein besonders interessanter Mann, der für Sie sozusagen die Hauptperson auf der Bühne war.»

Marco ist unverständlich, warum man sich auf das Protokoll, das man nach seinen noch frischen Eindrücken wenige Stunden nach der Tat geschrieben und das er unterzeichnet hat, nicht einfach verlassen will. Schließlich fragt der Richter, ob es zwischen den Kontrahenten ein gleichrangiger Kampf gewesen sei. Marco ist ratlos, zuckt mit den Schultern. «Das kriegen Sie nicht mehr hin», bedauert der Richter. «Tja.»

Der Staatsanwalt ergreift das Wort. «Zu Beginn der Verhandlung haben Sie gesagt, es seien zwei gegen zwei gewesen», wirft er dem Jugendlichen vor, «im Polizeiprotokoll aber haben Sie angegeben, daß es zuerst zwei gegen einen gewesen seien. Haben Sie das heute verwechselt oder damals falsch wiedergegeben?» Er habe sich wohl damals klarer erinnert, meint Marco. «Keine Fragen weiter», stöhnt der Staatsanwalt.

Der Anwalt des Täters bittet den Richter, Marco ein Foto aus der Tatort- und Spurenmappe vorzulegen, das Dokument Nr. 106. Es zeigt den erstochenen Mann. Marco kommt die

Erinnerung hoch, wie er ihn hat zusammensacken sehen, wie er sich wimmernd die Brust hielt, wie sich sein Bruder wehklagend über ihn warf. «Ich möchte Sie fragen, ob Sie damit was anfangen können», reißt ihn der Anwalt aus der Erinnerung, «da haben Sie einen Eindruck von der Statur dieses Mannes gekriegt?» 107 Kilo schwer sei er gewesen und 1,90 Meter groß, ergänzt der Jurist mit furchtbar rollendem R. Oder 1,89. So habe der Gerichtsmediziner den Toten vermessen. Der Angeklagte aber sei nur 1,80 Meter groß, und er sei nur 85 Kilo schwer. Es klingt, als wäre mit diesen Maßen und Gewichten auch die Schuld zu Lasten des Toten verteilt. «Haben Sie mit diesen Eckdaten nun ein konkreteres Bild?» dringt der Anwalt auf den Zeugen ein. Marco schüttelt den Kopf.

Nun wollen die Juristen noch wissen, wie der Täter den Stich ausgeführt habe. Von unten, erinnert sich Marco. Da springt der Verteidiger auf. «Wenn ich Ihnen nun vorhalte, daß Ihr Freund Sahab – binnen weniger Minuten! – das genaue Gegenteil behauptet hat, daß der Stich nämlich von oben nach unten ging, was sagen Sie dann?» Marco blickt ihn wütend an, «ich habe es anders in Erinnerung». Der Richter bedankt sich bei ihm, «das war's dann». Marco wendet sich um, blickt am Täter vorbei und geht hinaus. Draußen auf dem Flur flucht er, «die nehmen einen richtig in die Mangel. Ich wäre beinahe ausgerastet.»

Zurück im Zeugenzimmer, greift er zu seinen Zigaretten. «Du hast die Fragen als Vorwurf erlebt?» fragt ihn die Betreuerin. «Ja, daß sie aus dem Protokoll vorlesen und einen gegen den anderen ausspielen. Ist doch klar, daß das Protokoll richtig ist. Die bringen das so rüber, als hätte man gelogen.» Der Sechzehnjährige fühlt sich ausgewrungen und angeprangert. Die bohrenden Fragen und skeptischen Mienen der Juristen hat er als demütigend empfunden. Verstanden fühlt er sich nur im Zeugenbetreuungszimmer. Wenn er nicht hier über seine Zweifel und Ängste hätte sprechen können, sagt Marco, «dann wäre ich zum Prozeß gar nicht erst gekommen».

Die Einsamkeit des Opfers

Viele erleben das Gerichtsverfahren
als erneute Demütigung

Vor Gericht sind die Betroffenen von Verbrechen nur Randfiguren. Während Täter vor Gericht schweigen dürfen oder lügen, müssen Opfer aussagen, auch wenn sie sich vor Rache fürchten. Täter erhalten einen Anwalt auf Staatskosten, Opfer tragen ihr Kostenrisiko selber. Viele Opfer fühlen sich ein zweites Mal verletzt und gedemütigt.

Die Angst, der Schmerz und die Verzweiflung der Verbrechensopfer finden im Gerichtssaal kaum Widerhall. Im Strafverfahren werden die Tatumstände erforscht. Die Täter freuen sich, wenn sie glimpflich davongekommen sind, während sich die Geschädigten oft wie auf der Anklagebank fühlen. Ihre Erwartung, ihr Leid zu schildern und Fragen an den Angeklagten zu richten, werden meist enttäuscht. Ein Umstand, den auch viele Richter und Staatsanwälte bedauern. Der erfahrene Hamburger Richter Günter Bertram beschreibt das Dilemma im Gerichtssaal so: «Was für die Aufklärung der Schuld des Täters keine Rolle spielt, wird manchmal etwas unwirsch ausgeklammert. Das liegt an der pragmatisch verengten Sichtweise der Richter.»

Den ganzen Tag lang muß eine sechzigjährige Frau im Landgericht von Limburg ausharren. Sie fürchtet die Verhandlung, denn sie muß dem Mörder ihres Sohnes gegenübertreten. Als sie schließlich in den Zeugenstand gerufen wird, hat sie lediglich eine Frage zu beantworten – wann sie ihren Sohn zum letzten Mal gesehen habe. Mehr will man von ihr nicht wissen. Ihre Aussage gilt nur als winziges Mosaikstück in der Rekonstruktion der Tat, ihre Trauer als eher lästiger Begleitumstand. Und dabei hat sie gehofft, wie sie nach der Verhandlung erklärt, dem Richter zumindest sagen zu können, daß ihr Sohn «ein guter und hilfsbereiter Junge» gewesen sei. Er hatte noch bei der Familie gewohnt und zu deren Lebensunterhalt beigetragen.

Wie sich das Leben der Opfer und ihrer Angehörigen verändert, wird aus den Vernehmungen bei der Polizei kurz nach der Tat noch nicht ersichtlich. Viele Betroffene hoffen daher, daß man ihnen später vor Gericht zuhört, daß man würdigt, was ihnen zugefügt worden ist. Es liegt im individuellen Ermessen von Richtern, die Opfer auch dann zu laden, wenn die Tat hinreichend aufgeklärt ist. Ein Richter am Landgericht Hannover etwa hat sich dies zum Grundsatz gemacht, «denn schließlich ist das Leid der Geschädigten für die Strafzumessung ein entscheidendes Kriterium». Diese Praxis ist im Prinzip nicht nur bei Gewalttaten, sondern auch bei anderen seelisch belastenden Delikten wie Wohnungseinbrüchen sinnvoll. Nur in manchen Fällen droht sie das Verfahren zu sprengen, beispielsweise bei Serieneinbrüchen.

Die innerliche Distanz, die Richter wahren müssen, um unparteilich zu bleiben, kann sich gegen die Opfer als schwächste Beteiligte des Gerichtsverfahrens kehren, wenn Richter sie nicht wie verletzte Menschen behandeln, sondern wie bloße Beweismittel.

Zu Beginn der Vernehmung wird jeder Zeuge darauf hingewiesen, daß er bei der Wahrheit zu bleiben habe, weil er sich sonst strafbar mache. Dieser Hinweis ist jedem Zeugen zu machen, ungeachtet seines Ansehens, sie ist keine persönliche Ermahnung, etwa, weil man dem Zeugen einen Hang zur Lüge unterstellt. Erklärt aber der Richter die routinemäßige Formel nicht, ist der Zeuge schon zu Beginn der Vernehmung eingeschüchtert und glaubt sich bereits mit einem Bein im Gefängnis.

Oft erinnern sich Zeugen nur noch ungenau. Das ist Gerichtsalltag, daher lesen ihnen Richter häufig aus dem Protokoll ihrer Vernehmung bei der Polizei vor. In der Rechtsprechung ist nüchtern die Rede von der «Protokollverlesung zur Gedächtnisunterstützung». Richter formulieren das auch gegenüber Zeugen häufig im Juristendeutsch, sie nennen das «einen Vorhalt zu machen». Laut Duden gilt die Vorhaltung als Vorwurf, und jemandem eine Vorhaltung zu machen bedeutet, ihn zu schelten. Das weitverbreitete Gefühl von Zeugen, daß man ihnen nicht glaube und sich für sie im Grunde wenig interessiere, wird so verstärkt.

Zum Abschied der Zeugen heißt es oft, sie seien «entlassen». So erleichtert viele Menschen auch sind, wenn sie ihre Aussage vor Gericht beenden können – so bekommen sie ein weiteres Mal das Gefühl, sie seien lästige Personen, die man nun los sein will.

Am stärksten werden Zeugen von den Strafverteidigern unter Druck gesetzt. Je stärker die Anklage auf der Aussage eines Zeugen fußt, um so größer ist das Bestreben des Verteidigers, seine Glaubwürdigkeit zu erschüttern und seine gesamte Persönlichkeit in Frage zu stellen. Natürlich müssen die Angaben eines Zeugen auch gegenüber kritischen Nachfragen bestehen, gilt der Angeklagte vorerst als unschuldig, hat doch die Formel «in dubio pro reo» aus dem römischen Recht eine zweitausendjährige Tradition. Im Alltag der Justiz allerdings wird der Zweifel an der Schuld des Angeklagten häufig zur Waffe gegen die Opfer, werden diejenigen, die vor Gericht aussagen müssen, ein weiteres Mal verletzt. Richtern ist zuweilen unangenehm, wie Verteidiger die Zeugen erbarmungslos in die Mangel nehmen. Für das Gericht ist es oftmals schwierig, hier die Konfliktgrenze zu setzen. «Möglicherweise sind Richter manchmal auch zu feige, Verteidiger in ihre Schranken zu weisen», urteilt der Hamburger Richter Günter Bertram über seinen Berufsstand.

Zeugen sollten sich daher nicht scheuen, sich bei verletzenden oder manipulativen Fragen des Verteidigers an den Vorsitzenden

Richter zu wenden, und ihn bitten zu erklären, ob diese Fragen statthaft und zu beantworten seien. Darin liegt die Chance, das Gericht in die Fürsorgepflicht für alle Prozeßbeteiligten einzubinden, die sich Richter oft scheuen wahrzunehmen, weil sie den Vorwurf der Befangenheit oder einer Beschränkung der Verteidigungsrechte befürchten. Häufig wird vergessen, daß es im deutschen Strafprozeß, formal gesehen, keine Parteien gibt. Juristen sprechen vom Inquisitionssystem – danach sind nicht nur die Richter, sondern Staatsanwälte und auch Verteidiger verpflichtet, der Wahrheitsfindung zu dienen. Doch der Alltag in den Gerichtssälen widerspricht diesem guten Grundsatz.

Tatsächlich sehen sich viele Opfer vor Gericht in einer geradezu verzweifelten Lage. Wenn das Gerichtsverfahren Monate nach der Tat anberaumt wird, beginnen die seelischen Wunden gerade zu heilen. Die erste Phase der psychischen Genesung geht einher mit der Linderung akuter Symptome wie beispielsweise Schlafstörungen. Gerade zu diesem Zeitpunkt, wenn es wieder möglich erscheint, zur Alltagsnormalität zurückzukehren, beginnt das Gerichtsverfahren. Dem Opfer, das als Zeuge bemüht wird, schreibt das Gericht, daß es zu erscheinen habe, sonst drohen Bußgelder und die Vorführung durch die Polizei. Und während der Angeklagte schweigen darf oder auch lügen, daß sich die Balken biegen, muß der Zeuge aussagen und bei der Wahrheit bleiben. Nicht das Opfer führt die Anklage. Die Staatsanwaltschaft leitet das Verfahren gegen den Tatverdächtigen ein, der sich mit allen rechtsstaatlichen Mitteln der Vorwürfe und damit der Gefahr, Freiheit und Besitz zu verlieren, erwehren darf. Dies soll den Angeklagten vor Willkür und der Übermacht des Staates im Gerichtssaal schützen, und das ist richtig. Die schützenswerten Interessen des Geschädigten allerdings werden nach der Strafprozeßordnung nur unzureichend berücksichtigt. Die Opfer wurden im Verlauf der Geschichte immer mehr an den Rand gedrängt.

Bei den Germanen galten Gewaltverbrecher als «friedlos»,

ausgestoßen aus der Gemeinschaft. Sie waren vogelfrei, so daß jeder straflos die Rache der betroffenen Familien an ihnen ausüben durfte, und niemand sollte sie in seinem Haus aufnehmen. Erst wenn sich Täter und Opfer unter Vermittlung des Stammesältesten einigten, galt der Rechtsfriede als wiederhergestellt. Bei den Geschädigten lag die letzte Entscheidung. Sie erhielten als Sühne Vieh, Waffen oder Schmuck von reuigen Tätern, die sich auch zu Bußreisen in ein Kloster oder dazu verpflichteten, zum Gedenken an ihre Tat ein Steinkreuz zu setzen.

Seit dem 9. Jahrhundert traten zunehmend die Landesherren in die Richterrolle und zweigten einen Teil der gezahlten Bußgelder in die eigene Kasse ab. «Als entscheidender Wendepunkt der Strafrechtsentwicklung erscheint das Bemühen des Staates, durch hoheitliche Strafe Macht und Integrationskraft zu gewinnen», schreibt der Tübinger Professor Dieter Rössner. So sei es zu der staatlichen «Blutstrafe» gekommen, grausamen Ritualen vom Abhacken von Gliedmaßen bis zu den öffentlichen Hinrichtungen auf den Galgenbergen vieler Orte. Die Rache ist mein, verkündete nun die Obrigkeit.

Der «Sachsenspiegel», das mittelalterliche Gesetzbuch, das Anfang des 13. Jahrhunderts in Kraft trat und in Thüringen und Anhalt bis 1900 galt, als es vom Bürgerlichen Gesetzbuch abgelöst wurde, schrieb Gerichtsverfahren nach Straftaten vor und erließ dafür Formeln wie «zweier Zeugen Mund tut die Wahrheit kund». Dabei räumt der «Sachsenspiegel» auch die Möglichkeit ein, sich außerhalb des Gerichtssaals zu verständigen. 1532 wurde unter Karl V. das erste allgemeine, deutsche Strafgesetzbuch erlassen. Erst die «Constitutio criminalis Carolina» sah die private Einigung nur noch bei geringen Diebstählen unter fünf Gulden Wert vor. Nun vollzog sich der Wandel im Rechtsverständnis, das ein Verbrechen nicht in erster Linie auf das Opfer, sondern auf die Gemeinschaft bezog. Seitdem spielt das Opfer im Strafverfahren kaum noch eine Rolle.

Mit der weiteren Entwicklung des Rechts wurden die Strafen

gemildert und die Rechte des Beschuldigten gestärkt – eine Entwicklung hin zu mehr Menschlichkeit und Liberalität. Im Schatten dieses Fortschritts ist das Opfer dagegen weitgehend machtlos geblieben. Der Rechtsfriede gilt als wiederhergestellt, wenn das Unrecht der Tat mit dem Übel der Strafe aufgewogen ist. Hier ist die Frage, ob sich das Opfer mit dem Täter versöhnt hat oder zumindest entschädigt ist, nicht maßgeblich. «Das Opfer, dessen Freiheitsverlust und Schutz konkreter Anlaß für das Strafverfahren sind, muß an diesem Prozeß als Subjekt und nicht nur als Objekt von Befragungen teilhaben» fordert der Strafrechtsprofessor Dieter Rössner. Dabei geht es nicht um Rache, sondern um mehr Gerechtigkeit für die Opfer. Hier sind vor allem zwei Fragen berührt – wie Verbrechensopfer in einem rechtsstaatlichen Verfahren besser geschützt und wie sie angemessener entschädigt werden können.

Durch das Opferschutzgesetz von 1986 erweiterte sich die Möglichkeit, eine Nebenklage zu erheben, und werden Zeugen besser vor ehrverletzenden Fragen bewahrt. «Die Stellung des Verletzten im Strafverfahren oder des Opfers der Straftat bedarf in vielfacher Hinsicht der Neuregelung und in zahlreichen Punkten der Verbesserung», hieß es damals im Regierungsentwurf des Gesetzes. Doch sind viele der veränderten Bestimmungen der Strafprozeßordnung bloße Selbstverständlichkeiten. So werden seitdem Verbrechensopfer beispielsweise auf ihren Wunsch hin darüber informiert, wie das Verfahren ausgegangen ist. Einige der neuen Rechte kommen die Betroffenen teuer zu stehen. So dürfen Opfer einen Anwalt hinzuziehen, der für sie in die Gerichtsverhandlung eingreifen kann – doch während der Angeklagte seinen Rechtsbeistand auf Staatskosten erhält, muß das Opfer seinen Anwalt grundsätzlich aus der eigenen Tasche bezahlen. Lediglich nach einer erfolgreichen Nebenklage können die Betroffenen ihre Anwaltskosten vom Täter zurückfordern, auf eigenes Risiko und in der Regel mit wenig Erfolg. Denn auch Rechtsschutzversicherungen zahlen dafür keinen Pfennig.

Die Wahrnehmung der Opferrechte gilt ihnen als Luxus und sei, etwa nach Auffassung des Verbandes der Schadenversicherer, im Grunde Sache des Staatsanwalts.

Der Opferhilfsverband Weißer Ring unterstützt Verbrechensopfer, indem er auf Antrag ihre Erstberatung bei einem Anwalt freier Wahl bezahlt und, soweit möglich, auch die weiteren Prozeßkosten übernimmt.

Vergeblich erhoffen Verbrechensopfer, daß mit dem Urteil gegen den Täter auch eine Entscheidung über Schadensersatz und Schmerzensgeld fällt. Dies muß das Opfer, wiederum auf eigenes Kostenrisiko und in einem weiteren aufwendigen Verfahren, vom Täter einklagen. Zwar gibt es im deutschen Recht grundsätzlich die Möglichkeit eines Adhäsionsverfahrens, in dem der Strafprozeß gegen den Täter und der Zivilprozeß um die Entschädigung verbunden werden. Doch dieses Verfahren wird nur verschwindend selten praktiziert, die entsprechende Bestimmung in der Strafprozeßordnung gilt unter deutschen Juristen als Recht der toten Buchstaben.

Auch in dieser Hinsicht ist man in den Niederlanden weiter. Dort erhielten die Betroffenen von Schwerverbrechen das Recht, vor der Gerichtsverhandlung ein kurzes Gespräch mit dem zuständigen Staatsanwalt zu führen. Anfangs, berichtet Rechtsprofessor Jan van Dijk, «stieß diese Neuerung auf großen Widerstand. Vor allem männliche Staatsanwälte hatten schlichtweg Angst vor emotionalen Ausbrüchen.» Als sich jedoch zeigte, daß die Betroffenen meist nur rechtliche und sachliche Fragen erörtern wollten, reagierten viele Staatsanwälte erleichtert und schätzen diese Gespräche mittlerweile als gute Vorbereitung auf den Prozeß.

Die Demütigung von Opfern im Gerichtssaal wurde bislang vor allem von der Frauenbewegung angeprangert, die sich einsetzte für Frauen, die Opfer sexueller Gewalt geworden waren. Frauen lösten sich als Nebenklägerinnen aus der Stummheit und machten die bis dahin unbeachteten Folgen der Gewalt öffentlich. Seit den achtziger Jahren wird zunehmend diskutiert, wie Kinder, die Opfer sexuellen Mißbrauchs wurden, vor der Begegnung mit ihren Peinigern bewahrt und gegen weitere Erschütterungen geschützt werden können. So werden Zeugen unter 16 Jahren nur vom Vorsitzenden Richter befragt, oft in Abwesenheit des Angeklagten. Erprobt wurde im Landgericht Mainz die Befragung in einem separaten Raum, die gleichzeitig im Gerichtssaal auf einer Videoleinwand zu sehen ist. So wird das verletzte Kind geschützt und bleiben zugleich die Rechte des Angeklagten gewahrt.

Aus der Frauenbewegung kam auch die Forderung nach Zeugenzimmern, in denen sich die Betroffenen vor der Verhandlung aufhalten können, wo sie Beratung und Zuspruch erfahren, um nicht mehr in düsteren Fluren womöglich gemeinsam mit den Angeklagten auf den Prozeßbeginn warten zu müssen. Bundesweit haben allerdings erst rund ein Dutzend Gerichte Zeugenzimmer installiert, die offenstehen für Opfer, Zeugen und ihre Angehörigen, gleich, um welches Delikt es geht. Die Nachfrage ist enorm – in Hamburg werden jährlich über 500 Menschen betreut, in Limburg an der Lahn, Ort der bundesweit ältesten Einrichtung, sind es mehr als 2000.

Vor allem fürchten sich Zeugen, den Täter von Angesicht zu Angesicht zu sehen, was in der Regel vor Gericht zum ersten Mal seit der Tat geschieht. Eine Frau, die als frühere Prostituierte gegen ihren damaligen Zuhälter aussagen muß, bricht bei ihrer ersten Vernehmung im Gerichtssaal schluchzend zusammen. Nicht einmal ihren Namen vermag sie zu sagen. Mit der zweiten Ladung geht ihr der Hinweis auf das Hamburger Zeugenbetreuungszimmer zu. «Oft müssen Zeugen erst die Tortur eines Zusammenbruchs erleiden», bedauert Gerda Rose-Gudduschl, «bevor sie auf das Zeugenzimmer hingewiesen werden.» Der Betreuerin gelingt es, die Frau zu beruhigen, die nach ihrer Aussage stolz berichtet, daß sie diesmal nicht einmal habe weinen müssen. Am nächsten Tag ruft sie an, um sich nochmals zu bedanken. Sie habe sich gut behandelt gefühlt, das habe sie stark gemacht.

Opfer und unbeteiligte Zeugen empfinden ihre Ladung vor Gericht als um so belastender, wenn sie den Eindruck haben, ihre Aussage entscheide über Freispruch oder Gefängnis. Besonders, wenn sie den Täter als gewalttätig und unberechenbar erlebt haben, ist die Angst vor Rache groß. «Manchmal ist es schlimm», sagt ein Richter, «aber wir müssen Zeugen bei ihren Bürgerpflichten packen, auch wenn sie aus Furcht vor dem Täter gern still im Winkel bleiben wollen.» Die Justiz ist im Zugzwang, die nötigen Aussagen einzufordern, auch wenn sie Zeugen später nicht wirklich schützen kann. Selbst Polizisten, beruflich an die Zeugenrolle gewöhnt, reagieren nicht immer routiniert auf diese schwierige Lage. So erzählt man im Hamburger Zeugenzimmer die Geschichte einer jungen Polizistin, die bei versteckter Ermittlungstätigkeit lange Zeit direkten Kontakt zu Tätern im Milieu hatte. Vor ihrer Zeugenaussage war sie unsicher, ob die Verteidiger sie auseinandernehmen würden, und auch, wieviel sie sagen dürfe. Aus Sorge um ihre Sicherheit veränderte sie vor der Verhandlung ihr Aussehen mit Schminke und setzte sich eine Perücke auf. Polizisten vermitteln Opferzeugen oft, daß sie sich keine Sorgen zu machen bräuchten, daß eine Bedrohung unwahrscheinlich sei, doch wenn sie selber betroffen sind, reagieren viele genauso verunsichert.

Die Mutter eines sechzehnjährigen Jungen, der zur Zeugenaussage geladen wurde, bescheinigt der Sozialpädagogin Rose-Guddusch in einem Brief: «Sie hat es verstanden, uns die Angst zu nehmen. Ein Zeuge hat mit so einer Zeugenbetreuung jetzt auch die Möglichkeit auf eine optimale Vorbereitung, die ich für sehr wichtig halte, denn sie kommt allen Beteiligten an einer Verhandlung zugute. Zu einer gerechten Urteilsfindung gehört auch eine Zeugenaussage, die ohne Angst und mit einem gewissen Maß an Ruhe und Ausgeglichenheit gemacht wird.»

Auswege

Ahnungen

*Die Geschichte von Monika Wulf,
die ihre Angst überwand*

«Geh nicht fort», bat sie ihn. «Ich bin bald wieder da», erwiderte er und schlug die Tür zu. Monika Wulf, deren Sohn Jens im Dachgeschoß des Elternhauses wohnte, empfand an diesem Sommerabend eine ungewisse Angst, für die es eigentlich keinen Grund gab. Jens war damals 19 Jahre alt und machte gerade eine Lehre als Anlagenmechaniker. Er ging abends mit seinen Freunden häufig in Kneipen oder zu Festen in dem kleinen Ort nahe dem hessischen Hanau. Wenn andere Streit und Raufereien suchten, hielt er sich zurück. Und doch hatte seine Mutter an diesem Abend schlagartig das Gefühl, er wäre in Gefahr.

Monika Wulf wurde häufig von Ahnungen heimgesucht. Einer Freundin hatte sie einmal geraten, auf ihren Mann achtzugeben. Der Freundin erschien dies seltsam, denn ihr Mann war ein Ausbund an Lebensenergie. Kurz darauf erlitt er einen Herzanfall. Als eine andere Freundin Monika Wulf fragte, ob sie meine, daß ihre Ehe unter einem glücklichen Stern stünde, schwieg sie. Denn nach ihrem Gefühl war auf den Mann kein Verlaß. Tatsächlich, kam später heraus, hatte er seine Frau seit Jahren betrogen. Manchmal fürchtete sich Monika Wulf vor ihren Ahnungen. «Ich hatte immer Angst, daß dem Jens mal was Schlimmes passiert. Da haben sie mich zu Hause alle ausgelacht.»

An jenem Abend hörte sie kurz vor Mitternacht Schritte im Treppenhaus. Sie öffnete die Wohnungstür einen Spalt und fragte, ob alles in Ordnung sei. Alles okay, flüsterte ihr Sohn und schlich im Dunkeln hinauf. Als die Mutter am nächsten Morgen um halb sieben erwachte und von ihrem Sohn, der längst im Betrieb hätte sein müssen, noch nichts hörte, wurde sie unruhig. Gewöhnlich stand er zur Frühschicht verläßlich um Viertel nach fünf auf, und üblicherweise verabschiedete er sich von seinen Eltern. Hatte sie ihn an diesem Morgen nicht gehört? Sie weckte ihren Mann: «Heinz, da ist was», und stieg nach oben.

«Mutti, ich kann nicht, ich hab solche Schmerzen», stöhnte ihr Sohn. Sie erkannte ihn kaum wieder. Seine rechte Gesichtshälfte war blutunterlaufen und aufgequollen, von seinem Auge war nur noch das Weiße zu sehen. Wie eine Gestalt aus Horrorfilmen erschien er ihr, und Monika Wulf schrie so laut und so entsetzt, daß plötzlich ihr Mann neben ihr stand. Gemeinsam stützten sie den Sohn, brachten ihn zu einem Arzt in der Nähe, der sofort den Krankenwagen rief. Ein Blutgerinnsel könnte entstehen und zu einer tödlichen Embolie führen. Ihr Sohn müßte sofort in die Universitätsklinik. Für Monika Wulf hatte sich ein weiteres Mal eine Ahnung erfüllt.

Zwei Wochen lang wurde der Neunzehnjährige dort behandelt. Seine rechte Wange war zertrümmert, so daß sein Augapfel mit einem kleinen Ballon in den Nebenhöhlen gestützt werden mußte. Kurz nach der Entlassung aus der Klinik platzte der Ballon, offenbar aufgeritzt von einem Knochensplitter. Wieder wurde Jens mit Blaulicht ins Krankenhaus gefahren und ein zweites Mal operiert. Für ein paar Sekunden blieb sein Atem stehen. Doch die Operation gelang. Als er wieder aufwachte, klagte er nicht und gab sich zuversichtlich, doch vor Schmerzen wurde er ohnmächtig. Da sagten die Ärzte zur Mutter, «so stark muß er nicht sein. Keiner weiß, was er noch aushalten muß.»

In der Nacht, als die Tat geschah, hatte Monika Wulfs Sohn mit seinen Freunden Dart in einer Kneipe gespielt. Dort, in der nahen Altstadt, verbrachten sie häufig ihre Abende. An der Theke saß Joschi, ein Bursche, der im Ort als übler Schläger galt. Nie zuvor war er in dieser Kneipe aufgetaucht. Man mied den Umgang mit ihm. Als Jens an der Theke vorbei zur Toilette gehen wollte, sorgsam auf Distanz zu Joschi bedacht, als er schon fast an ihm vorbei war und ihn aus dem Augenwinkel nicht mehr sah, traf ihn ein Fausthieb. Die Freunde, die Gäste und der Wirt sahen, wie Jens, obwohl er 1,92 Meter groß war und fast zwei Zentner wog, von der Wucht davongeschleudert wurde, drei Meter durch die Luft flog und zu Boden stürzte. Niemand hatte etwas beobachtet, das hätte Anlaß sein können für diesen Schlag.

Die Freunde eilten zu dem Verletzten. Seine Nase blutete. Er schleppte sich auf die Toilette und kam nicht mehr zurück. Als einer nachschaute, lag er blutüberströmt am Boden. Da verfrachtete der Freund ihn in sein Auto und brachte ihn nach Hause. Erst am nächsten Tag wurde offenkundig, daß Jens Wulf lebensgefährlich verletzt war.

Monika Wulf kennt den Täter von Kindesbeinen an. Er wuchs im Nachbarort auf und ging in denselben Kindergarten wie ihr Sohn. Er war ein uneheliches Kind, das bei seinen Großeltern lebte, weil er seiner Mutter eine Last war und sich mit seinem Stiefvater nicht verstand. Als er elf war, starben die Großeltern. Da hatte er niemanden mehr. Er zog in einen Wohnwagen, den ihm die Mutter in den Garten ihres Hauses gestellt hatte. Das brachte keinen Frieden in die Familie. Was man dem Jungen nicht gab, holte er sich auf seine Weise. Seiner Mutter stahl er ein Sparbuch über 5000 Mark. Einer alten Dame auf dem Fahrrad entriß er die Handtasche, worauf sie stürzte und sich beide Beine brach. Er verbrachte die Zeit auf der Straße und in Strafanstalten. Der Junge wurde ein Mann von ungeheurer Kraft, der spürte, daß man ihn fürchtete im Ort. Den Türsteher einer Diskothek streckte er nieder, so daß der ins Koma fiel. Seine Strafe wurde zur Bewährung ausgesetzt. Während dieser Bewährungsfrist griff er Jens Wulf an, ohne selbst zu wissen, warum.

Monika Wulf versucht ihren Sohn noch im Krankenhaus dazu zu bewegen, den Mann anzuzeigen, doch er erwidert, «Mami, mach es nicht, ich leb ja noch. Es wird schon verheilen.» Als er wieder zu Hause ist, bedrängt sie ihn erneut, «Jens, du hast Schmerzen, du weißt ja gar nicht, was noch auf dich zukonmmt, wir müssen den anzeigen.» Da gibt er nach, und die Eltern gehen zur örtlichen Polizei. Hier ist der Schläger ein alter Bekannter, im Computer füllt sein Strafregister drei Bildschirmseiten. Doch der Beamte, mit dem die Eltern sprechen, ist im Zwiespalt. Aus seiner Sicht als Polizist meint er, der Mann müsse wirklich dingfest gemacht werden. So einer dürfe überhaupt nicht mehr frei rumlaufen, der gehöre in Sicherungsverwahrung. Aber wenn sie ihn als Vater fragen würden, rate er von einer Strafanzeige ab. Das sei ein Risiko. Mit dem Täter sei nicht zu spaßen.

Die Eltern erstatten keine Anzeige. Die Polizei lädt den Mann dennoch zur Zeugenaussage. Als in der Woche darauf Monika Wulf ihren Geburtstag feiert, klingelt das Telefon. Mit einer jungenhaften Stimme sagt da einer, er sei Michael, ob er ihren Sohn sprechen könne. Sie fragt, «was für ein Michael?» Und er nennt seinen Nachnamen und sagt, das sei ja allerhand, die Polizei habe ihn vorgeladen. Erst jetzt begreift sie, mit wem sie spricht. Da brüllt sie ihn an, wie er es wage, sie anzurufen, anzeigen würde sie ihn, auch wenn es ihr Sohn nicht wolle, sie würde es tun, und umbringen würde sie ihn lassen. Er erwidert, er hätte noch Bewährung laufen, zwei Monate lang, und er hätte genug Freunde. Sie nimmt das als Drohung und wirft den Hörer auf die Gabel. An der Kaffeetafel ist es still, bis die Großmutter sagt, «um Gottes willen, Kind».

Monika Wulf ist es ein unerträglicher Gedanke, den Mann im selben Ort zu wissen, und daß er unbehelligt bleibt, nur weil man seine Rache fürchtet. Auch die Freunde ihres Sohnes beknien sie, Ruhe zu geben. Man werde künftig einen großen Bogen um den Mann machen, nur um Himmels willen dürfe man ihn nicht herausfordern. «Wenn wir dabei sind, dann können wir Jens schützen. Aber wenn er alleine ist, müßte er vor jedem Angst haben, der hinter ihm geht.» Grollend fügt sich die Mutter. Die Polizei bescheinigt ihr, daß sie die Tat gemeldet hat und sich vorbehält, eine Anzeige zu erstatten. Falls der Mann ihren Sohn noch einmal behellige, verspricht man ihr auf dem Revier, werde er zur Rechenschaft gezogen.

Die Ärzte setzen Jens Wulf ein Titanplättchen in den aufgebrochenen Wangenknochen ein. Die Verletzung verheilt und ist kaum noch sichtbar. Bei jedem Wetterumschwung allerdings plagt ihn Migräne, und wenn er Schnupfen hat, dringt Flüssigkeit durch die Nebenhöhlen auf den Augapfel. Er muß jeden Druck auf die Augen vermeiden. Weil er keine Schweißerbrille mehr tragen kann, muß er seinen Beruf als Anlagenmechaniker aufgeben. Wulf hat noch Glück – obwohl der Betrieb schlechte Zeiten durchmacht, weil die Aufträge gerade zurückgehen, wird dem als zuverlässig geltenden jungen Mann eine andere Arbeit in der Qualitätskontrolle zugeteilt, wenn auch für 500 Mark netto weniger im Monat.

In den folgenden Monaten geht Jens nur noch selten aus. Meist besuchen ihn seine Freunde in der Dachkammer, oder sie nehmen ihn mit zu sich und fahren ihn wieder zurück. Auch wenn keiner darüber spricht, meiden sie Kneipen und Feste. Erst allmählich löst sich der Neunzehnjährige wieder von zu Hause. Damit wächst die Unruhe der Mutter. «Wo bist du», will sie jedesmal wissen, «wann kommst du wieder?» Wenn er länger fortbleibt, ruft sie unter einem Vorwand bei den Freunden an, ob er noch da sei, sie müsse ihn noch etwas fragen, und wenn sie seine Stimme hört, ist sie fürs erste erleichtert. Aber die Angst nagt unersättlich an ihr.

Wenn der Sohn in der Nacht noch unterwegs ist, wirft sie sich schlaflos im Bett hin und her. «Es passiert schon nichts», will ihr Mann sie trösten, und sie fühlt sich allein gelassen mit ihrer Sorge. «Du machst dir wohl nichts aus dem Jungen», wirft sie ihm vor und wandert stundenlang im Wohnzimmer von einem

Fenster zum anderen und nimmt Tabletten gegen das Herzrasen. In manchen Nächten, wenn ihr Mann schon schläft, macht sie sich im Nachthemd leise davon, wirft sich einen Mantel über und setzt sich ins Auto, fährt von einem Freund ihres Sohnes zum nächsten, bis sie vor einem Haus seinen Wagen gefunden hat. Erst dann kehrt sie wieder um. In diesen Nächten verfolgt sie der Anblick ihres Sohnes, wie er den einen Morgen im Bett lag, entsetzlich entstellt. Der Gedanke beherrscht sie: «Es passiert ihm wieder etwas, und ich bin nicht dabei.»

Wenn er nicht weggeht, ist sie zufrieden. Am liebsten hätte sie, daß er für immer auf dem Sofa sitzen würde wie eine Puppe. Wenn sie ihn nicht in ihrer Nähe weiß, wird die Angst unerträglich. Im ersten Sommer nach der Tat sagen Monika Wulf und ihr Mann den geplanten Urlaub am Plattensee ab, wo sie ungarische Freunde regelmäßig besuchen. Im nächsten Jahr gibt Monika Wulf dem Drängen ihres Mannes auf die Ferienreise mißmutig nach, denn getrennt von ihrem Sohn zu sein scheint ihr ein unerträglicher Zustand zu sein.

Mit ihrem Mann und Freunden fährt sie mit der Fähre auf die Weinberge am Südufer zu, wo ihr Reiseziel Zamárdin liegt, und ihr erscheint die vertraute Szenerie wie unter einer Glasglocke. Wenn es Abend wird, blickt sie immer häufiger auf die Uhr, und sieht sie ihren Mann an, sagt der: «Er kommt schon heim, mach dich nicht verrückt.» Dann braust sie wieder auf, «du machst dir gar keine Gedanken». Jeden Morgen ruft sie ihren Sohn an, und wenn das Telefonnetz überlastet und eine Verbindung schwer zu bekommen ist, versucht sie es so lange, bis sie ihn erreicht hat. Einmal geht ihr Mann voraus zum Frühstück, und als die Freunde ihn fragen, wo seine Frau stecke, antwortet er genervt, «wo soll sie schon sein, am Telefon». Da macht sie ihm später eine Riesenszene, das gehe keinen etwas an, auch die Freunde nicht. «Da habe ich mich schon geschämt», sagt sie, «die dachten wohl, ich hätte nicht mehr alle Tassen im Schrank.» Mittags spaziert sie in den Ort und telefoniert heimlich vom Postamt aus, wenn ihr Sohn gerade von der Frühschicht zurückgekehrt ist. Beruhigt fühlt sie sich stets nur für ein paar Stunden.

Das Verhältnis zu ihrem Sohn verschlechtert sich zusehends. Seine Freunde hänseln ihn, wenn die Mutter ihm wieder hinterhertelefoniert, «Mamakind» nennen sie ihn. Schon wenn sie fragt, was er am Abend vorhabe, wittert er ihre unermüdliche Sorge. Sie solle ihn in Ruhe lassen, fährt er sie an, und sie empört sich, «zieh doch aus, such dir eine Wohnung, dann krieg ich das alles nicht mit». In dieser Zeit fürchtet Monika Wulf, sie werde verrückt vor Sorge. Wenn Freunde sie auf ihren Sohn ansprechen, füllen sich ihre Augen mit Tränen, so daß man bald jedes Gespräch über das heikle Thema vermeidet. Ihre beste Freundin, mit der sie jeden Freitag Canasta spielt, versucht vergeblich, sie zu besänftigen. «Monika, laß ihn seiner Wege gehen. Er ist doch alt genug.» Da verschließt sie sich und antwortet scharf, «du hast selbst keine Kinder, du weißt nicht, wie das ist, wenn so etwas passiert».

Eine Zeitlang bleibt der Täter verschwunden, in Budapest soll er sein. Dann taucht er wieder auf. Mit seinem Auto hält er an einer Bushaltestelle, wo zwei Jungen warten, 14 und 15 Jahre alt. Er steigt aus, prügelt die beiden zu Boden, achtlos, wie andere einen Brief einwerfen, und fährt davon. Die Bushaltestelle liegt auf einer Anhöhe, ein paar hundert Meter vom Haus der Wulfs entfernt. Da kann die Mutter nächtelang nicht schlafen. «Jens, der ist wieder da», sagt sie ihrem Sohn, «bleib zu Hause.» In ihr kriecht das Gefühl von Machtlosigkeit hoch, das sie empfindet, weil keiner es wagt, den Mann anzuzeigen, aus Angst, es komme noch schlimmer. Der Schrecken hat Namen und Adresse, und dennoch scheint er nicht zu bannen. Beim Pfarrfest sieht sie den Mann flanieren, und sie packt die Wut.

«Er hatte niemanden, vielleicht ist er deswegen so geworden», grübelt sie. In solchen Gedanken liegt kein Trost. Ein befreundeter Geschäftsmann gibt ihr den Tip, eine Eintreiberkolonne anzuheuern. 500 Mark koste es, den Mann zusammenschlagen zu lassen. Monika Wulf überlegt hin und her und ringt sich schließlich dazu durch. Sie muß für die Schläger nur noch ein Foto des Mannes besorgen. Ihr Sohn ist entsetzt. «Mutti, willst du dich unglücklich machen?» fragt er. «Wenn sie dem die Knochen kaputthauen, dann ist es nicht schlimm. Aber es kann sein, der fällt unglücklich. Vielleicht schießen sie. Wirst du dann damit fertig?» Da läßt Monika Wulf ihren Plan wieder fallen.

Eine Freundin empfiehlt ihr vorsichtig, psychotherapeutischen Rat zu suchen. Frau Wulf erwidert empört, «so einen brauche ich nicht, ich bin doch nicht närrisch». Um so brüsker reagiert sie, als sie insgeheim längst bangt, man könne sie für verrückt halten. Drei Jahre verstreichen nach der Tat, und ihre ständige Sorge, die der Sohn als Bespitzelung empfindet, wird immer giftiger für die Familie.

Als das Versorgungsamt einen Antrag auf Zahlungen nach dem Opferentschädigungsgesetz ablehnt, erkundigt sie sich beim Gericht, wer ihr dazu Auskunft geben könne. So findet sie zur Hanauer Hilfe, einer Beratungsstelle für Verbrechensopfer in der nahen Kleinstadt Hanau. Dort redet sie mit dem Sozialpädagogen Harald Mondon-Kuhn. Er verspricht ihr, beim Versorgungsamt nachzuhaken, und fragt, «was ist denn eigentlich passiert?» Da ist sie schon in Tränen aufgelöst, und er sagt, «Frau Wulf, ich glaube, Sie brauchen zuerst Hilfe».

Er bietet ihr einen Gesprächstermin an, zwei Wochen später. Reif für den Psychiater fühlt sie sich nicht. «Ein Großteil von denen», meint sie, «braucht doch selber einen.» Ob der Berater von der Hanauer Hilfe ein Psychiater ist? Vertrauenswürdig und einfühlsam erscheint er ihr. Zu Hause fragt sie ihren Mann, was er davon hält. «Um des Familienfriedens», sagt er ihr, «geh hin.» Jeden zweiten Donnerstag sucht sie jetzt die Beratungsstelle auf. In Bruchstücken erzählt sie von ihrer Angst, den Mordphantasien und dem dauernden Familienkrach. Der Sozialpädagoge ist der erste, der sie weinen läßt und nicht gleich zu trösten versucht, der ruhig bei ihr sitzen bleibt, während ihr die Tränen über die Wangen rinnen. Ihm kann sie ihre Verzweiflung schildern, daß ihr Sohn niedergeschlagen wurde und sie nicht dabei war, um ihm zu helfen. «Aber was hätten Sie getan, wenn Sie dabeigewesen wären?» fragt er sie. Sie überlegt, und ihr wird klar, daß sie selbst dann nichts hätte ausrichten können, und aus dieser ernüchternden Einsicht schöpft sie Beruhigung.

In den Gesprächen in der Beratungsstelle schält sich heraus, daß ihr Sohn schon als Kind häufig Verletzungen erlitt. Mit anderthalb Jahren fiel er auf eine Tischkante und stieß sich gefährlich am Auge. An einer zerbrochenen Flasche schnitt er sich den Daumen auf. Dreimal brach er sich das Schlüsselbein. Wenn sie mit ihm ins Krankenhaus fuhr, fragten sie die Sanitäter schon, «ach, Frau Wulf, haben Sie ihn wieder dabei? Was hat er denn heute?» Dann schlug die Sorge über ihr zusammen, und oft, nachdem sie ihn in Behandlung gegeben hatte, fiel sie in Ohnmacht. Die Unfälle häuften sich. «Der Bub muß fallen lernen», sagte ein Arzt. Schuldgefühle beschlichen die Mutter, «er verletzt sich, und ich bin nicht dabei».

Als Jens Wulf 15 Jahre alt wurde, riß die Unglücksserie ab. Er war ein sportlicher junger Mann mit breiten Schultern geworden, er spielte Handball im Verein. Beruhigt war die Mutter trotzdem nicht. Immer wieder kam die Ahnung hoch, daß die Ruhe nur trügerisch sei, daß noch ein großes Unglück drohte. «Und dann der Knall.» Da umkreisen sie wieder die altvertrauten Gedanken wie ein Wespenschwarm. «Hättest du ihn nicht weggelassen. Vielleicht hättest du es abwenden können. Wenn du dabeigewesen wärst.» Doch von dem Sozialpädagogen, der ihr Weinen aushält, ihre Rachlust nicht belächelt und sie offenkundig nicht für verrückt hält, läßt sie sich nun sagen, sie habe die Schuld immer nur bei sich gesucht. Daß man ihren Sohn jetzt niedergeschlagen habe, das sei die Krönung gewesen. Trotzdem sei sie nicht schuld. Es ist wie eine Absolution. «Und da», sagt sie, «habe ich mich das erste Mal damit auseinandergesetzt, daß ich einen erwachsenen Sohn habe, den ich nicht mehr behüten kann.»

Bevor Monika Wulf bald darauf mit ihrem Mann in den Urlaub fährt, bittet sie ihren Sohn um ein Gespräch. «Ich will mit dir ins reine kommen», sagt sie, «und dich nicht mehr so oft anrufen. Aber es ist nicht, wie du meinst, zum Kontrollieren, es ist die Angst, es passiert dir wieder was.» Da hat sie den ersten entscheidenden Schritt getan, denn ihre Angst ist nicht mehr unaussprechlich. Und er kann ihr zum erstenmal sagen, wie sehr er darunter gelitten hat, wenn sie selbst spät in der Nacht bei seinen Freunden anrief und die ihn neckten, «die Mama kontrolliert. Die Mama paßt auf, wann du heimkommst. Die Mama sagt, wo du hingehen darfst.»

Die beiden beschließen ein Experiment. In diesem Urlaub in Ungarn will Monika Wulf längere Abstände zwischen den Telefongesprächen mit ihrem Sohn verstreichen lassen. So meldet sie sich am Samstag ihrer Ankunft am Plattensee, erzählt, daß sie diesmal einen Umweg über Graz gewählt hätten, vom Stau auf der Autobahn, was sich im Ort verändert habe und, ach ja, Grüße bestellen solle sie, zögert, das Gespräch zu beenden, und stellt dann doch die bange Frage, wann sie ihn wieder anrufen dürfe. Am Mittwoch, bittet er sich aus, und schweren Herzens willigt sie ein. Es werden vier lange Tage, dicht gefüllt mit Wanderungen und Kartenspielen, sie hilft im Laden ihrer ungarischen Freunde aus und verkauft Felle an Touristen. Besonders die Abende sind schwierig zu ertragen. Oft blickt sie auf die Uhr und malt sich aus, jetzt geht er aus dem Haus. Was er wohl macht. Wo er wohl sein mag. Aber sie bleibt stark und ruft ihn erst am Mittwoch wieder an. «Bub, wie geht es dir denn?» fragt sie und erzählt, wie schwer ihr das Warten gefallen ist.

«Hättest du halt früher angerufen», sagt er. Aber sie will die Sorge endlich hinter sich lassen und setzt sich wieder eine Frist, drei Tage diesmal.

Als sie wieder zu Hause ist, spricht sie auch mit den Freunden ihres Sohnes. Sie will nicht, daß die wegen ihrer Anrufe den Sohn hänseln. «Wißt ihr überhaupt, was ich für eine Angst habe?»

fragt sie, und die Freunde erklären, von der Seite hätten sie es noch nicht gesehen. «Das würde ich in eurem Alter auch nicht verstehen», sagt sie. «Werdet ihr erst mal Eltern. Wenn dann eurem Kind etwas passiert. Was ja um Gottes willen nie sein soll.» Einer der Freunde erwidert, er verstehe sie schon, aber sie müsse ihrem Sohn auch seine Freiheit lassen. Sie antwortet, «ja, sicher, ich bin ja gerade dabei».

Nach einigen Wochen schläft sie das erste Mal ein, obwohl ihr Sohn noch nicht wieder zu Hause ist. Manchmal nur überfällt sie wieder jäher Schrecken, wenn sich ihr Sohn von ihr verabschiedet, und sie weiß nicht, warum. «Ich bin bald wieder da», sagt er, und ihr Herz beginnt zu rasen. Sie setzt die Gespräche in der Beratungsstelle fort und rätselt über diese Rückschläge, bis der Sozialpädagoge sie fragt, wie sich denn ihr Sohn an dem Abend der Tat verabschiedet habe. Da wird ihr klar, daß es genau dieser Satz war, mit dem ihr Sohn damals von ihr ging und der sie noch immer in ihrem Innersten trifft wie ein Messerhieb. «Ich bin bald wieder da», das ist der Schlüsselsatz zu ihrer Angst. Sie bittet ihren Sohn, ihn nie wieder auszusprechen, und er verspricht es ihr.

In die Familie kehrt allmählich Gelassenheit ein. Wenn der Sohn abends ausgeht und sie ihn fragt, wohin, holt er schon noch tief Luft. Dann besänftigt sie ihn, «das hätte ich auch gefragt ohne den Unfall und das ganze Unglück. Habe ich ja früher auch gefragt, und du hast dir nichts dabei gedacht. Mir geht's besser. Aber die Streitereien müssen aufhören.» Ihr Sohn spottet manchmal darüber, daß sich seine Mutter einen «Psychiater» genommen hat, den er «den Tarzan» nennt, weil er einen Weg durch den Seelendschungel gebahnt hat.

Monika Wulf geht mit einer Frauenrunde häufig kegeln. Eine der Frauen sagt einmal, bei Jens sei die Verletzung ja kaum noch zu sehen, stockt plötzlich mit einem Blick auf die Mutter, «ich wollte gar nicht drüber reden». Das könne sie durchaus, sagt Frau Wulf, sie habe sich darüber jetzt beruhigt. In Hanau sei sie gewesen. Doch wohl nicht bei einem Psychiater, fragt die andere entgeistert. Sie wisse gar nicht, was der genau sei, antwortet Frau Wulf, «aber der kann unwahrscheinlich zuhören, und mir geht es jetzt besser».

Nach einem Jahr beendet sie die Gespräche in der Hanauer Hilfe. Da sie ihr schlechtes Gewissen nicht mehr plagt und sie ihre ständige Sorge abgelegt hat, ist sie selbstbewußter geworden. «Früher hab ich bei meinem Sohn aufgeräumt und Staub gewischt, das interessiert mich heute gar nicht mehr.» Wenn es früher Streit gab in der Familie, suchte sie stets nach ihrem eigenen Anteil daran und war bemüht, die Wogen zu glätten. Jetzt ficht sie eher ihren eigenen Standpunkt durch. «Ich bin ruhiger geworden», sagt sie, «aber auch unbequemer.»

Raum für den Schmerz

Wo die Betroffenen Rat und
Unterstützung finden

Viele Verbrechensopfer verfallen nach der Tat in stumme Furcht und Selbstvorwürfe. Sie befinden sich in einer Ausnahmesituation, auf die sie nicht vorbereitet sind. Daher sind sie auf praktischen Rat und in vielen Fällen auch auf therapeutische Unterstützung angewiesen.

Deutschlands größte Opferhilfsorganisation ist der Weiße Ring, der sich anbietet als Gesprächspartner «für alle, die als Opfer einer Straftat unverschuldet in Not geraten sind», und Betroffene unabhängig davon unterstützt, ob sie Mitglieder des Weißen Rings sind oder nicht. «Viele Opfer», berichtet Sprecher Helmut Rüster, «sind überrascht, daß sich überhaupt jemand um sie kümmert.»

Rund 2000 Menschen sind als ehrenamtliche Mitarbeiterinnen und Mitarbeiter des Weißen Rings aktiv, Menschen wie Peter Boog. Der Sachbearbeiter beim Braunschweiger Sozialamt bekam beruflich mit Verbrechensopfern zu tun und engagiert sich seitdem auch in seiner Freizeit für sie. Gewaltopfer besucht er möglichst rasch nach der Tat, begleitet sie zur Gerichtsverhandlung und unterstützt sie bei dem oft langwierigen Versuch, eine Entschädigung zu erstreiten. Seine beruflichen Kontakte zu Behörden setzt der Verwaltungsfachmann für die Arbeit des Weißen Rings ein.

«Ich will den Opfern vermitteln, daß sie nicht allein dastehen.» Aktiv im Weißen Ring sind Menschen aus sozialen Berufen, eine Reihe von Polizisten und einige auch aus eigener Betroffenheit heraus. Wenn beispielsweise die Bad Harzburger Eheleute Annemarie und Wolfgang Gliesch mit Opfern sprechen, fühlen sich die beiden immer wieder aufs neue an ihre eigene Tochter Astrid erinnert. Sie wurde erwürgt, in der elterlichen Wohnung.

Gegründet wurde der Weiße Ring 1976 in Mainz von Fernsehfahnder Eduard Zimmermann, bekannt durch «Aktenzeichen XY ungelöst». Dies prägt das Image des Verbandes noch heute und rückt das Engagement für die Opfer in die Nähe von Verbrecherjagd, auch nachdem Zimmermann den Vorsitz abgegeben hat. Dennoch, betont Verbandssprecher Rüster, richte sich der Weiße Ring nicht gegen die Täter, man schmiede kein Bündnis für «Law and Order». Dabei bezieht der Weiße Ring in rechtspolitischen Debatten eher konservative Positionen, protestiert beispielsweise gegen Pläne, Delikte wie Ladendiebstahl als Ordnungswidrigkeit statt als Straftat zu verfolgen. Darin sieht der Verband eine «Kapitulation vor der ständig steigenden Kriminalität und Gewalt. Die Verletzung von elementaren Spielregeln eines Gemeinwesens darf nicht als Kavaliersdelikt verharmlost werden.» Zugleich spielen neue Ansätze wie der Täter-Opfer-Ausgleich in den verbandsinternen Debatten bislang kaum eine Rolle.

Seine Stärke entfaltet der Weiße Ring, wo er schnell und unbürokratisch finanzielle und juristische Hilfe gewährt. 1995 schüttete der Weiße Ring 9,3 Millionen Mark an Betroffene aus – Geld, um Notlagen nach der Tat zu überbrücken oder um Anwälte zu beauftragen, die sozialrechtlichen Ansprüche nach dem Opferentschädigungsgesetz und Opferschutzrechte in Ermittlungs- oder Strafverfahren zu prüfen. 4,9 Millionen Mark verwendete der Verband für seine Öffentlichkeitsarbeit und 3,7 Millionen Mark für Verbrechensvorbeugung und Forschungsprojekte, die sich dem Opferbild in den Medien oder den psychischen Bedürfnissen von Opfern widmen. Der Weiße Ring finanziert sich überwiegend aus Mitgliedsbeiträgen, Spenden und Nachlässen (19,4 Millionen Mark) und nur zum geringen Teil aus zugewiesenen Bußgeldern (2,9 Millionen Mark).

Neben den hauptamtlichen Mitarbeitern in der Mainzer Zentrale und in den Regionalbüros stützt sich die Hilfsorganisation vor allem auf ihre ehrenamtlichen Berater vor Ort. Sie gehen von sich aus auf die Betroffenen zu, wenn sie von Verbrechen erfahren. «Schon ein Gespräch, ein erster Trost, gibt wieder neuen Mut und neue Hoffnung», ist Sprecher Rüster überzeugt.

Dabei verläßt sich der Verband weitgehend auf das Einfühlungsvermögen der Laienhelfer. Eine gründliche psychologische Schulung oder Supervision findet kaum statt. Ein Dilemma zeigt sich auch in der Verknüpfung von sozialer, juristischer und psychologischer Hilfe. Die Mitarbeiter des Weißen Rings sind gehalten, die Betroffenen zunächst zum Tathergang zu befragen – auch wenn es aus therapeutischer Sicht sinnvoll wäre, das eigentliche Geschehen zunächst auszuklammern.

Seit Mitte der achtziger Jahre in Debatten zunehmend beklagt wurde, wie wenig sich der Staat um Verbrechensopfer kümmert, entstanden, zunächst als Modellversuch, eine Reihe von staatlich finanzierten regionalen Beratungsstellen. Auf die psychologische Unterstützung der Betroffenen hat sich beispielsweise die Bremer Beratungsstelle für Opfer und Zeugen (bob) spezialisiert. Deren Leiterin Danielle Hermans bietet das Gespräch an und sucht auch andere Wege, die Betroffenen aus ihrer Stummheit zu lösen. Wenn ihren Klienten die Worte für ihre Empfindungen nach der Tat fehlen, bittet Hermans sie in ihrem Beratungszimmer, Steine aus einer Schale auszuwählen. Graue, faltige Steine und runde liegen darin, massige und unscheinbar winzige. Die Spur der Steine führt die in Holland ausgebildete Beraterin und Juristin auf die Seelennot ihrer Klienten. Oft sind die Steine der erste Schritt aus der Sprachlosigkeit und entstehen so Gespräche, in denen sich die Empfindungen der Opfer allmählich offenbaren und schließlich Wege gesucht werden, die Kontrolle über den eigenen Alltag zurückzugewinnen.

Den Beratungsprozeß vergleicht Danielle Hermans mit dem Schälen einer Zwiebel. Zunächst werde oft die Enttäuschung über Polizei und Gericht deutlich, dann Schuldvorwürfe an sich selbst. Meist erst später werde die Wut auf den Täter sichtbar. «Die Opfer auf ihre Wut zurückzuführen, das ist das Schwierigste an der Arbeit», sagt Hermans und berichtet von einem Beispiel.

Ein junger Mann wurde gemeinsam mit seinem Freund überfallen. Er erlitt Prellungen von einem Billardstock und lebte in ständiger Furcht, dem Täter wieder zu begegnen. Aber er konnte darüber nicht sprechen, die Gefühle steckten wie ein Pfropf in ihm. Er wolle gern weinen, vertraut er der Beraterin an. Wo er das tun wolle, fragt sie. Bei ihr, sagt er und bittet sie, ihn zu halten. Im Beratungsraum legt sie Matten aus und empfiehlt ihm, sich auf den Baum vor dem Fenster zu konzentrieren und ruhig zu atmen. Er solle sich schöne Dinge vor der Tat vorstellen, die er jetzt vermisse. Der Mann schluckt minutenlang, bis er sagt, er könne nicht weinen. Was er denn spüre, fragt ihn Danielle Hermans. «Ich bin wütend», offenbart er. Wo er diese Wut empfinde, vermag er nicht zu sagen. In den Füßen? Im Bauch? In den Armen, antwortet er.

Wie er die Wut aus den Armen herauslassen könne? Da beschreibt er die Phantasie, daß der Täter nackt vor ihm stehe und daß er ihn mit Rasierklingen bewerfe. Die Beraterin bringt ihm alte Broschüren, die er mit ungeheurer Heftigkeit an die Wand schleudert, auf seinen imaginären Peiniger, bis er völlig erschöpft ist und erleichtert. Doch so läßt ihn Danielle Hermans nicht gehen, «sonst kommt hinterher das große Elend». Die beiden sprechen über den Verlauf des Abends, und der junge Mann will eine Freundin zu sich bitten. Eine solche Zuspitzung der Gefühle, betont Hermans, wage sie nur, wenn sie den Klienten nach mehreren Begegnungen genau einzuschätzen vermöge. Tatsächlich weint der Mann am Abend zum erstenmal, lassen seine Ängste nach und fühlt er sich nicht mehr als ein hilfloses Opfer.

Häufig äußern Gewaltopfer nicht etwa Zorn auf den Täter, sondern sind erfüllt von einer unbestimmten Traurigkeit. Wenn es gelingt, die gesunde Aggression, die ein übermächtiger Täter gebrochen hat, im geschützten Rahmen der Therapie wieder hervorzuholen, können Opfer ihre Selbstzweifel und ihre Hilflosigkeit überwinden. Danielle Hermans' Botschaft: «Verbrechensopfer haben ein Recht auf ihren Schmerz, ihre Wut und ihre Trauer. Wir geben ihnen den Raum dafür.»

Dabei warnt sie vor übereifrigen Versuchen der Selbsttherapie. Eine Frau, die von einem Fremden niedergestochen wurde, kann sich nur schemenhaft an die Waffe und das Gesicht des Täters erinnern. Das Geschehen ist aus ihrem Gedächtnis gelöscht. Sie will sich zurückbesinnen, und ihr Mann versucht, sie dabei zu unterstützen. Er schildert ihr seine Vorstellungen, was sich zugetragen haben könnte. Damit heizt er ihre Ängste an und lenkt sie auf sich selber. Kurz darauf erleidet sie eine Panikattacke und phantasiert, daß er sie mit einem Messer töten wolle. «Gerade in so einem Fall», meint Hermans, «ist nicht nur Einfühlungsvermögen gefragt, sondern auch professionelle Distanz.»

Die Hanauer Hilfe ist die bundesweit älteste Opferberatungsstelle, die – anders als der Weiße Ring – allein mit Hauptamtlichen arbeitet und aus Staatsgeldern finanziert wird. In mit Grünpflanzen und Kunstplakaten freundlich eingerichteten Räumen in der Hanauer Innenstadt bietet ein Team kostenlose Beratung für Verbrechensopfer und ihre Angehörigen an.

In Gesprächen etwa mit dem Sozialpädagogen Harald Mondon-Kuhn, der eine Zusatzausbildung als Konfliktberater absolviert hat, gehen die Betroffenen ihren Empfindungen auf den Grund. Er vermeidet es, ihnen Patentrezepte zu geben. Denn die

Leidtragenden selbst sind die besten Experten für ihr Trauma. «Die Schritte zur Heilung sind sehr unterschiedlich. Für den einen ist es besonders befreiend, eine Anzeige zu erstatten. Für den anderen, sich dem Partner darüber mitteilen zu können.» Nur ein Drittel der Klienten der Hanauer Hilfe sind Männer, und sie brechen die Beratung häufiger als Frauen nach wenigen Gesprächen wieder ab. Offenbar fällt es Männern schwerer, in Krisen Hilfe anzunehmen.

Manchmal, berichtet der Sozialpädagoge, «bekomme ich während der Gespräche mit Opfern eine Gänsehaut und empfinde sehr genau, wie es ihnen geht. Und doch halte ich ihre Gefühle von meinen eigenen auseinander.» Therapeuten begeben sich in der Begegnung mit Verbrechensopfern auf eine Gratwanderung. Sie müssen sich in ihre Klienten einfühlen und dürfen sich von diesen Empfindungen nicht überschwemmen lassen, denn dann würden sie in die Hilflosigkeit des Opfers verfallen. Bedingung für diese Verbindung von Anteilnahme und Distanz ist, daß der Berater seine wunden Punkte und die eigene Geschichte sehr genau kennt. So gehört zum Arbeitsalltag der Hanauer Hilfe sowohl der ständige Erfahrungsaustausch im Team wie die Supervision durch eine außenstehende Expertin.

«Zu Beginn meiner Arbeit habe ich noch zu Hause häufig daran gedacht und selbst davon geträumt», berichtet Mondon-Kuhn. «Im Laufe der Zeit gelang es mir, eine klare Grenze zu ziehen. Diese Grenze brauche ich, um belastbar zu bleiben.»

Das Risiko, durch Verbrechen traumatisiert zu werden, ist in manchen Berufen hoch. Bankangestellte, Kaufhausdetektive und Wachleute sind besonders gefährdet – Risiko nach Dienstplan. Dennoch werden sie kaum auf die möglichen Folgen von Überfällen vorbereitet und nach der Konfrontation mit Verbrechen am Arbeitsplatz nur sporadisch betreut. In den Niederlanden ist dies anders, dort sind Betriebe per Sozialrecht gezwungen, die Verantwortung für ihre Mitarbeiter unmittelbar wahrzunehmen. In Deutschland dagegen stehen die Berufsgenossenschaften für beruflich bedingte Erkrankungen ein. Dabei sind sie weit entfernt vom jeweiligen Arbeitsplatz, wo Verbrechensrisiken einzudämmen sind. So verflüchtigt sich die Verantwortung.

In vielen holländischen Betrieben sind eine rasche Betreuung nach der Tat und vorbeugende Beratung üblich, hierzulande dagegen völlige Ausnahme. Ein Beispiel unter wenigen: Der Technische Überwachungsverein (TÜV) Berlin-Brandenburg entwickelte ein Betreuungsprogramm für Bankangestellte nach einem Überfall. Vor allem im Osten Berlins hatten Banküberfälle nach der Wende drastisch zugenommen, Panzerglas und neue Sicherheitstüren halfen da wenig. Manche Bankangestellte waren auch Monate nach einem Banküberfall noch nicht fähig, ihre Arbeit fortzusetzen. Die Psychologinnen Christina Jänisch und Annegret Mahn vom Referat Arbeits- und Verkehrspsychologie des TÜV betreuen betroffene Angestellte und in manchen Fällen auch Kunden der Geldinstitute, die diese Hilfe anfordern.

Die Psychologinnen unterscheiden drei Phasen. Am Tag des Überfalls zeigen vor allem die Angestellten, die hautnah mit den Bankräubern konfrontiert waren, Schocksymptome wie Schweißausbrüche und hohen Puls. Sie empfinden es als hilfreich, wenn man sich ihnen zuwendet und beispielsweise die Hand hält. Viele wollen nach einem Überfall so schnell wie möglich nach Hause, wichtig ist dabei auch das Angebot, sie beim Heimweg zu begleiten.

Die zweite Phase umfaßt die unmittelbar auf den Überfall folgenden Tage. Im offenen Gespräch wird mit allen Mitarbeitern der Filiale über ihr Verhalten während der Tat gesprochen und dabei auf mögliche seelische und körperliche Folgen hingewiesen. In diesen Gesprächen bieten die Psychologinnen ihre Beratung an. «Wenn ein Überfall gut aufgearbeitet wird», meint Annegret Mahn, «kann dies zu einem erhöhten Sicherheitsbewußtsein aller Mitarbeiter und zu einem verbesserten Arbeitsklima beitragen.»

Die dritte Phase dauert oft Wochen und Monate, in denen manche Überfallopfer von Alpträumen, Magenbeschwerden und psychosomatischen Leiden befallen werden, deren Zusammenhang mit dem Überfall den Betroffenen oft nicht bewußt ist. Offenbar reagieren sie völlig unterschiedlich auf Bankräuber – so werden die einen, die Täter als nervös erleben, selber eher sicherer, während andere Angestellte nervöse Täter eher als unberechenbar und damit gefährlicher empfinden. Dabei sind die Psychologinnen davon überzeugt, daß etwa Bankangestellte von Überfällen weniger traumatisiert werden, wenn sie zuvor ein mentales Training absolviert hätten, eine Art gedanklicher Vorsorge.

Therapeutische Hilfe für Verbrechensopfer bundesweit zu vernetzen ist Anliegen des Hamburger Vereins «Danach», gegründet von der Psychologin Gisela Bobzin. In den letzten Jahren kamen häufig Gewaltopfer in ihre Praxis, und ihr wurde klar, wie wenig sie sowohl im Psychologiestudium wie in der Ausbildung zur Gestalt- und Körpertherapeutin darauf vorbereitet worden war. «Posttraumatische Leiden waren kaum ein Thema.»

Bobzin ging auf befreundete Therapeutinnen und Ärzte zu, die gemeinsam ein Ausbildungsprogramm für die Heilung von traumatisierten Verbrechensopfern entwickelten. Mittlerweile haben sich bundesweit mehr als 100 Fachleute dem Verein angeschlossen, der eine Reihe von Seminaren anbietet zu Themen wie Abgrenzung und Mitgefühl, Besonderheiten der Therapie bei Opfern von sexuellem Mißbrauch oder von Folter.

Gisela Bobzin, der manche Klienten durch den Weißen Ring vermittelt werden, rechnet die Therapie über die Krankenkassen ab. Wenn ein Verbrechensopfer psychisch beeinträchtigt ist, übernimmt die Krankenkasse die Kosten für das zunächst zu beantragende Mindestkontingent von 25 Beratungsstunden. Oft aber kann die Therapie bereits vorher erfolgreich abgeschlossen werden. Bei Einspruchsopfern reichen nach den Erfahrungen von Gisela Bobzin meist wenige Beratungsstunden.

Dabei konzentriert sich die Psychologin auf die Verbrechenserfahrung und wie sie bewältigt werden kann. In die Vorgeschichte ihrer Klienten blickt sie nur mit deren ausdrücklichem Einverständnis zurück. «Sie kommen nicht, um ihr Leben zu analysieren, sondern um mit den Symptomen nach der Tat fertig zu werden. Denn sie waren zuvor gesunde, lebenstüchtige Menschen.»

Gisela Bobzins Motiv für ihr Engagement liegt in ihrer Familiengeschichte. Ihre Mutter war überzeugte Nationalsozialistin, ein Großonkel war Jude und wurde im Konzentrationslager ermordet. «Als ich in der Schule einen Film über Auschwitz sah», erinnert sich Bobzin, «wollte ich zu Hause mehr darüber wissen. Aber ich stieß auf Mauern. Das Thema war tabu, auch in der jüdischen Seite der Familie.» Die beiden Töchter des Ermordeten litten an einer unaussprechlichen Trauer. Eine beging Selbstmord. In ihrer beruflichen Praxis wurden Gisela Bobzin die Zusammenhänge zwischen Leid und Schweigen klarer. Sie entdeckte Ähnlichkeiten zwischen den Erfahrungen von Gewaltopfern und den Beobachtungen in ihrer eigenen Familie. Weil der Seelenschmerz der Holocaust-Überlebenden kaum besprochen und gelindert wurde, vererbten sie ihn gleichsam und litten viele Nachkommen selbst in der dritten Generation an Hoffnungslosigkeit, Depression und Lebensfurcht. Wenn die Erfahrungen von Gewalt und Ohnmacht unaussprechlich bleiben, so das Fazit von Gisela Bobzin, bleiben die Leidtragenden und ihre Angehörigen im Trauma verhaftet.

Ein Bankangestellter wird frühmorgens in seiner Filiale mit der Pistole bedroht von zwei Männern, die vor Arbeitsbeginn eingebrochen sind und ihn dazu zwingen wollen, den Tresor zu öffnen. Doch weil der Tresor mit einer Zeitschaltung gesichert ist, muß er eine Dreiviertelstunde lang in ihrer Gewalt ausharren. In den folgenden Wochen ist es ihm unmöglich, an seinen Arbeitsplatz zurückzukehren. Auch in anderen Schalterhallen, die ihn an die Bank erinnern, erfaßt ihn panische Angst.

In der Therapie schildert er Gisela Bobzin, wie er sich vor Menschen zurückzieht und daß er sich niedergeschlagen und müde fühlt. Zugleich will er das alles schnell hinter sich bringen und seine Widerstände überwinden. «Wenn man einen Unfall gebaut hat, soll man sich ja auch gleich wieder ans Steuer setzen.» Die Therapeutin vermittelt ihm, daß ein Unfall zwar auch ein Schockerlebnis ist, daß es aber viel schwieriger zu verarbeiten sei, wenn jemand von anderen bedroht wurde und um sein Leben bangen mußte. «Darüber liest man zwar täglich in der Zeitung, und doch ist kaum jemand darauf wirklich vorbereitet.»

Der Bankangestellte ist zwar voller Zorn auf seinen Arbeitgeber, weil die Filiale nicht ausreichend gesichert gewesen sei, aber die Wut auf den Täter ist wie abgekappt. Häufig macht Gisela Bobzin die Erfahrung, daß Betroffene ihre Wut nicht zulassen wollen, weil sie dann ihre eigenen gewalttätigen Impulse spüren. Dabei wollen sie sich mit dem Täter nicht auf eine Stufe stellen. Bobzin ermutigt den Angestellten, sich zu erinnern, was er während des Überfalls empfand, als er auf dem Boden lag und eine Pistole an seine Stirn gepreßt war. Plötzlich ist bei ihm alles wieder da: die Todesangst, der Zorn und die Scham, daß er, der hochgewachsene und kräftige Mann, hilflos auf dem Boden lag wie ein lebloses Bündel.

Doch er kann zum erstenmal annehmen, daß er keine Chance hatte, die Räuber zu überwältigen. Und er spürt, daß die gefürchteten Gefühle, die er bis dahin erfolgreich verdrängt hat, ihn nicht zerreißen. «Wenn ich sie in der Therapie aussprechen kann», sagt Gisela Bobzin, «muß ich sie nicht mehr unterdrücken und zugleich mit mir rumschleppen. Das erleichtert ungeheuer.»

Manchmal, weiß Gisela Bobzin, geraten Verbrechensopfer nach der Tat in so schwere Krisen, daß sie nicht mehr arbeitsfähig sind. «Dann reichen ambulante Therapien kaum noch aus und ist es für die Betroffenen wichtig, daß sie alle Verantwortung abgeben können, Tag und Nacht versorgt sind und sich auf die tieferen Gefühle in der Therapie einlassen können.» In herkömmlichen psychosomatischen Kliniken fühlten sie sich fehl am Platz. Die Pläne des Vereins, eine Fachklinik für Verbrechensopfer zu gründen, scheiterten allerdings am Widerstand der Krankenkassen. Begründung: Kein Bedarf.

Begegnung mit
dem Täter

Davongekommen

*Die Geschichte von Susanne Selin, die überfallen
wurde und dem Täter später wieder begegnete*

Nichts weiß sie über ihn. Vergeblich versucht die Studentin Susanne Selin zu erforschen, wer der Mann ist, der in der Dunkelheit hilfesuchend winkte und sie plötzlich packte. Die Polizei verweigert die Auskunft nach den Motiven des Täters. Ist er krank? Dann würde ihm eine Anklage nicht helfen, denkt sie. Eingefangen ist er ja.

Der fünfunddreißigjährige Bauarbeiter Ewald Blatz erwacht auf einer Pritsche, blickt auf rostrote Kacheln und einen Plastikeimer. Mit Freunden hat er getrunken in seiner alten Stammkneipe im hannoverschen Stadtteil List, wo er früher wohnte. Mühsam versucht er sich zu erinnern, was nach dem Verlassen der Kneipe passierte. Dampflokomotiven. Da war der Laden für Modelleisenbahnen, dessen Schaufenster er betrachtete. Weiter stolperte er über Kopfsteinpflaster. Er wollte nach Hause und wußte nicht mehr, wie er das schaffen sollte. Winkend stellte er sich an die Straße. Autos fuhren vorbei. Niemand hielt. Bis auf die Frau mit dem roten Wagen, die ihre Tür öffnete.

Nie wieder will Susanne Selin diesem Mann begegnen. Als die Polizei ihr rät, mit dem Täter einen außergerichtlichen Vergleich auszuhandeln, winkt sie ab. Warum sollte gerade sie ihm helfen, alles rasch hinter sich zu bringen? Andererseits hofft sie, ein Bild von dem Täter zu gewinnen.

Seinen Zechkumpanen erzählt Ewald Blatz nicht, wie der Abend ausgegangen ist. Doch als sie wieder von einer Sauftour prahlen, winkt er ab. Manchmal, deutet er an, endet das in einer Ausnüchterungszelle. Den Rest behält er für sich.

Susanne Selin spricht mit dem Berater Christian Richter vom Täter-Opfer-Ausgleichs-Projekt «Die Waage». Der sagt ihr, ein Gespräch mit dem Täter würde ihre Fragen vielleicht beantworten und sie könne mit ihm ein Schmerzensgeld aushandeln. Die Studentin will es versuchen.

Als Christian Richter bei Ewald Blatz anruft und ihm eine Begegnung mit seinem Opfer vorschlägt, willigt Blatz sofort ein. Pünktlich erscheint er zum Gespräch und wartet beklommen.

Ihren Wagen parkt Susanne Selin zwei Straßenecken entfernt. Sie vermutet, daß sich der Täter erinnert an den roten Renault, der mit seinen schwarzen Punkten leuchtet wie ein riesiger Marienkäfer. In den Räumen der Waage begrüßt sie Vermittler Christian Richter. Dann trifft Susanne Selin auf den Täter. Ein kurzer Händedruck, und sie sitzen sich gegenüber. Grübelnd mustern sich die beiden.

Ich will die ganze Sache abgewickelt haben und dann weg.
Will er sich rächen, weil ich ihn angezeigt habe? Vielleicht schlitzt er mir die Reifen auf und kippt mir Zucker in den Tank.
Es ist alles überzogen gewesen, wie ich der Frau da ... Ich habe sie gepackt gehabt, ja.
Er muß unter Drogen gestanden haben. Oder ob er in solch einen Zustand gerät, wenn er Medikamente nicht nimmt?
Keine Ahnung, wie ich den Vorfall erklären soll. Ich will da bloß wieder rauskommen.
Er sieht ganz unscheinbar und gedrückt aus. Ein riesengroßer Mann, aber er wirkt beschämt.
Eigentlich sitzt sie da ganz ruhig. Kommt mir vor, als wenn sie so Abitur oder in diese Richtung was hat, ein bißchen überlegen.

Er kann ja anfangen zu reden.
Die Sache mit dem Schmerzensgeld, das will ich geregelt haben. Alles andere kann ich ja nicht regeln, das geht ja die Staatsanwaltschaft an, was da noch auf mich zukommt. Das mit dem Schmerzensgeld kann ich ja gleich ansprechen.
Wenn er mir Schmerzensgeld anbietet, kommt er nicht so billig davon. Ich will ein volles Monatsgehalt von ihm.

In diesem Moment ist alles wieder da. Susanne Selin spürt die Furcht, die Wut, die Hoffnung und den Triumph dieser lauen Spätsommernacht, die zu diesem Zeitpunkt zwei Monate zurückliegt. Gegen neun Uhr biegt die Germanistikstudentin mit dem Wagen in die Straße ein, in der sie wohnt. Sie fährt langsam, sucht einen Parkplatz. Ein Mann kommt ihr entgegen und winkt. Vielleicht braucht er einen Reservekanister Benzin oder will telefonieren, denkt sie. Während sie anhält, klopft er auf die Kühlerhaube und kommt näher. Es ist bereits dieses Klopfen, das ihr Mißtrauen weckt, doch so unterschwellig, daß sie nur ein wenig gewarnt ist. So öffnet sie zwar ihre Autotür, doch nur einen Spalt weit.

Susanne Selin spürt eine gewisse Skepsis, die ihr im selben Moment albern erscheint. «Na, was gibt's? Kann ich helfen?» fragt sie, worauf der Fremde die Fahrertür rasch aufzieht. Die junge Frau ist empört und lehnt sich heraus, um die Tür wieder zu schließen. Da sagt er, «können Sie mal, bevor ich ...», und greift ins Lenkrad.

Der Mann drängt sie ins Auto zurück. Er will mich hinüberschieben und wegfahren mit mir, denkt sie, drückt auf die Hupe und schlägt seine Hand vom Lenkrad. Da packt er sie am Kinn. Ihr Kiefer schmerzt. Der Mann scheint eine ungeheure Kraft zu haben. Ihr gelingt es, ihn zu beißen, und sie schreit. Hinter dem Fremden sieht sie die erleuchteten Fenster ihrer eigenen Wohnung, wo ihr Freund mit dem Abendbrot auf sie wartet.

Susanne Selin hupt und schreit, windet sich im Autositz

herum, soweit sie das vermag mit dem noch angelegten Sicherheitsgurt, hält sich am Steuer fest und tritt dem Angreifer in den Unterleib. Hoffentlich treffe ich, denkt sie, hoffentlich. Sie nimmt die Hand von der Hupe, damit nicht das Hupen ihre Hilferufe übertönt. Wenige Meter ist sie von ihrem Zuhause entfernt. Auf der anderen Straßenseite wohnt eine befreundete Familie. Mein Gott, denkt sie, hoffentlich bringen die nicht gerade die Kinder ins Bett. Hoffentlich sind sie nicht gerade hinten. Niemand im Haus öffnet ein Fenster. Sie tritt den Mann verzweifelt, und er versucht, ihre Beine zu ergreifen. Ihre Kraft droht zu erlahmen.

Sie tritt ihn wieder und wieder, während er sich an der Autotür festhält. Endlich sackt er zusammen und gleitet neben dem Auto zu Boden. Sie dreht den Zündschlüssel, fürchtet einen Augenblick lang, daß der Wagen jetzt nicht anspringt, fährt langsam los, die Tür geöffnet aus Angst, sie könnte den Mann überfahren. So rollt sie bis zur Straßenecke und sieht, daß sich der Fremde schon wieder erhoben hat und auf einen VW-Bus zugeht. Weil sie fürchtet, daß er jetzt den nächsten angreift, fährt sie zum nächsten Polizeirevier. Zwei Beamte nehmen sie sofort im Wagen mit. Sie hören nicht auf Susanne Selin, die rät, die Straßen in der Nähe ihrer Wohnung abzusuchen. Die Polizisten fahren die umliegenden Parks ab, in denen häufig Obdachlose übernachten, leuchten mit Suchscheinwerfern in Nischen und unter die Bänke. Die Studentin beschwört sie, «der hat was vor, der will nicht in irgendwelchen Parks schlafen! Der geht vielleicht in die nächste Kneipe und greift da irgend jemanden an.» Doch die Beamten bewegen sich in einer Routine, in die sich die Intuition des Opfers nicht fügt.

Sie wollen eine Täterbeschreibung. Gestochen scharf sieht Susanne Selin die Jacke des Fremden vor sich, eine cognacfarbene Wildlederjacke mit grünem Wollstreifen. Blaue Jeans. Während sie sich an diese Details kristallklar erinnert, sind andere wie weggewischt. Hatte der Mann einen Bart? Eine Brille? Sie muß an die Täterbeschreibungen im Radio denken, unter denen sie sich nie jemanden vorstellen konnte. Per Funk kommt der Alarm eines Taxifahrers, der gerade belästigt wurde. Jetzt kehren die Polizisten um und fahren endlich in Susanne Selins Nachbarschaft.

Nur einen Häuserblock von ihrer Wohnung entfernt, sieht sie den Mann am Straßenrand torkeln. Schon von weitem erkennt sie ihn und ruft, «das ist er!» Aus mehreren Nebenstraßen biegen plötzlich Polizeiautos ein. Der Fremde schwankt und winkt mit beiden Armen, wie einer, dessen Hilferuf endlich gehört wird. Reifen quietschen, die Polizisten sprinten aus dem Wagen, greifen ihn und stoßen ihn auf die Kühlerhaube. Hinten im Polizeiauto sitzt Susanne Selin, und die Frontscheibe umrahmt das Geschehen wie eine Kinoleinwand, auf der in Nahaufnahme ein Mann schreiend und breitarmig niederfällt. Hände fahren an ihm entlang, dann werden seine Arme nach hinten gerissen und von Handschellen umschlossen. Susanne Selin ist wie gebannt von der Szene hinter der Scheibe, die weit entfernt wirkt und doch ganz nah. Gleich wird er neben mir sitzen, bangt sie, doch der Täter wird in einen der anderen Wagen gedrängt.

Nun spürt sie Erleichterung und ein Gefühl von Triumph, weil sie es war, die ihn zur Strecke gebracht hat. Die Polizisten kehren in den Wagen zurück und geben die Festnahme des Mannes durch, der offenbar noch mehrere Autofahrer versucht hat zu stoppen. «Das war's dann erst mal», sagt einer der Beamten.

Susanne Selin stellt sich vor, wie es gewesen wäre, den Täter nicht zu finden, wenn sie nach vergeblicher Suche zum Revier zurückgekehrt und von dort wieder nach Hause gefahren wäre, um ein weiteres Mal im Dunkeln einen Parkplatz zu suchen. Den Mann überall zu vermuten, jederzeit darauf gefaßt zu sein, daß er auftaucht, und plötzlich sehnt sie sich nach einem Abendbrot in ihrer Küche und fühlt fast stechenden Hunger.

Als sie endlich wieder vor ihrem Haus steht, sieht sie in die lichthellen Fenster ihrer eigenen Wohnung. Fast überall im Haus sind die Fenster erleuchtet, und sie grübelt, warum niemand etwas bemerkt hat. Auf eine gleichmütige Weise fühlt sie sich völlig allein. Wenn es darauf ankommt, geht ihr durch den Kopf, kannst du dich nur auf dich selbst verlassen und auf niemanden sonst. Dieser ernüchternde Gedanke hat für sie etwas beruhigend Klares.

Zu Hause erzählt sie ihrem Freund hastig, warum sie jetzt erst kommt. Er hat ihre Tochter zu Bett gebracht, im Schlafzimmer mit dem Fenster zum Hof, während sie mit einem Fremden rang und bangte, ihre Kraft könne sie verlassen. Der Freund ist entsetzt und verängstigt. «Du Arme», sagt er zu ihr, vielleicht auch um sich selbst zu trösten, und will sie halten. Sie wehrt seinen Trost ab. «Ich bin gar nicht arm. Es war doch gut.» Sie fühlt sich stark, als habe sie gerade mit Bravour ihre Rolle in einem Kriminalstück abgeschlossen.

Dabei ist sie blaß geworden, und sie setzt sich an den Küchentisch. Ihr wird ganz flau. Sie stürzt einen Cognac hinunter und gleich noch einen zweiten. Für einen Moment spürt sie die Angst, für die bis dahin einfach keine Zeit war. Dann will sie alles loswerden, ruft ihre Freundinnen an, beginnt einen regelrechten Rundruf. «Ich hab was ganz Irres erlebt eben», sprudelt es aus ihr heraus, «aber ich habe das richtig toll gemacht.» Sie ist zufrieden mit sich, hat sich des Fremden erwehrt und seine Festnahme erreicht.

Stundenlang breitet sie die Sensation in ihrem Freundeskreis aus. «Mensch, da hast du aber Glück gehabt», antwortet ihr die eine, und eine andere bewundert: «Bloß gut, daß du dich so wehren kannst! Ich wäre nicht so gut davongekommen.» Am Ende dieses Abends fühlt sich Susanne Selin müde und zufrieden, und sie schläft ruhig.

In den Stolz über die Rettung aus eigener Kraft mischt sich am nächsten Tag schon Mißtrauen – ist das Hupen in der ruhigen Kopfsteinpflastergasse zu überhören? Fängt sich der Schall nicht zwischen den Gründerzeitfassaden? Hat es keiner bemerken wollen? Doch, eine Nachbarin berichtet ihr, einen Schrei gehört zu haben. Sie blickte kurz aus dem Fenster, sah Susanne Selin mit dem Auto davonfahren und den Fremden auf der Straße wanken, irgendein Betrunkener, wie sie meinte. Nichts daran erschien besorgniserregend.

Rasch spricht sich der Vorfall im Stadtteil herum. «Ist doch kein Wunder, daß man sich nicht mehr umeinander kümmert», meint die Frau am Zeitungskiosk, «wahrscheinlich werden Sie jetzt niemandem mehr helfen.» Der Gedanke ist Susanne Selin fremd. Dabei scheint er logisch zu sein – wäre sie weitergefahren, wäre sie vor dem Mann sicher gewesen.

Als Susanne Selin am Abend nach der Tat mit dem Auto in ihre Straße einbiegt, ist die Angst schlagartig wieder da. Warum, rätselt sie, ist es gerade mir passiert? War ich gemeint? Wird er wiederkommen? Wer ist der Mann? Wird er sich rächen, wird er mich seinerseits anzeigen wegen Körperverletzung? Und sie grübelt, ob sie noch leben würde, wenn er sie nicht am Kinn, sondern am Hals gepackt hätte. Ihr Triumph verliert an Glanz gegenüber dem Gefühl, daß ihr Entkommen an einem seidenen Faden gehangen hat.

Seitdem wächst die Vermutung, daß ihre Kraft nur dieses eine Mal gereicht haben könnte, daß es eine Fügung war, daß sie in dieser Nacht keine lähmende Angst empfand vor dem Fremden, sondern allein maßlose Empörung über seinen Akt der Grenzverletzung. Es war diese klare Empörung, die sie davor bewahrt hat, auch nur einen Millimeter zu weichen. Und doch hat sich ein wildfremder Mann erlaubt, sie anzutasten. Mache ich denn den Eindruck, fragt sie sich, als könne man das ungestraft tun? Stimmt mit mir etwas nicht?

Angst macht handlungsunfähig, meint sie, die sich bis dahin stets auf ihre Spontaneität verlassen hat und seitdem aufhorcht, wenn hinter ihr auf dem Pflaster Schritte hallen. Sie ertappt sich dabei, daß sie sich jetzt ausmalt, was passieren könnte, wenn sie in der Dunkelheit aus dem Haus geht. Die Wohnungstür hält sie nach wie vor unverschlossen, und den Riegel legt sie nur vor, wenn Wind durch das Treppenhaus fegt und die Tür dann klappert. «Abschließen ist Quatsch», sagt Susanne Selin, «öffnen heißt das Schlüsselwort.» Ihre Normalität will sie bewahren. Sie beharrt auf ihrem Leben vor der Tat, doch indem sie dies bewußt tut, bleibt nur äußerlich alles beim alten und ist doch nicht mehr leicht und selbstverständlich, wie es war. Die Gelassenheit des ersten Moments, auf sich selbst gestellt zu sein, bekommt nun auch Züge von Resignation. «Im Grunde ist doch egal, was ich sage», fährt sie im Streit ihren Freund an, «du nimmst es sowieso nicht wahr.» Es ist, als habe sich die Einsamkeit an jenem Abend als der eigentliche Zustand ihres Lebens entpuppt.

Zugleich ist sie wacher geworden für Situationen, in denen sich andere hilflos fühlen. Die Wut auf die allgemeine Gleichgültigkeit packt sie, als sie beim Einkaufen ein kleines Mädchen an der Straßenecke sieht, zitternd und laut heulend, nicht in forderndem Schmerz, sondern in hoffnungsloser Traurigkeit. Das Mädchen steht alleine da, und keiner spricht sie an. «Selbst bei einem Kind», grollt Susanne Selin, «haben die Leute Angst davor, sich einzumischen und ihre eigene Hilflosigkeit zu spüren.» Auf die Frage, was ihr fehle, schluchzt das Mädchen, bis ihre tränenreiche Verzweiflung abebbt und sich herausstellt, daß sie hilflos vor ihrer eigenen Haustür steht, aber nicht klingeln kann, weil sie nicht bis zum Klingelknopf reicht. Susanne Selin fühlt sich an ihr eigenes Ohnmachtsgefühl erinnert.

Die Tat hat sie hinter sich gelassen, und doch bleibt sie ihr nah. Jedesmal wenn sie in ihrem Arbeitszimmer am Schreibtisch sitzt, blickt sie auf die Stelle, an der es passierte. Jene Nacht hat ihr Leben verändert. Aber sie kann es nicht mehr hören, wenn Freunde fragen, ob alles wieder in Ordnung sei mit ihr, eben so wie vorher. «Als ob die Leute einfach Angst vor Veränderung haben. Wenn etwas aus dem Lot gerät, versuchen sie, es ganz schnell zurechtzurücken und alles wieder an seine Stelle zu bringen.»

Ein paar Tage nach der Tat erhält sie eine Vorladung zur Polizei, um eine Zeugenaussage zu machen. Ihr Kiefer schmerzt noch. Ob sie nicht beim Arzt gewesen sei, fragt man sie in vorwurfsvollem Ton. Darauf allerdings ist Susanne Selin gar nicht gekommen, sie will mit alldem nichts mehr zu tun haben, will sich das Wehrhafte ihrer Reaktion bewahren und nicht den Anteil von Verletzung. Bei der Polizei heißt es, man erwarte noch die Rückmeldung des Taxifahrers, den der Täter kurz vor seiner Festnahme anging. Für den ist die Sache offensichtlich erledigt, vermutet die Studentin, der ruft allenfalls seine Kollegen, die gegenüber Betrunkenen rascher und handfester zur Sache kommen als die Polizei.

Immerhin, läßt man durchblicken, sei der Täter bislang nicht straffällig geworden, sie brauche sich keine Sorgen mehr zu machen. Einer der Beamten schlägt ihr ein Gespräch mit dem Fremden vor. «Dem helf ich nicht», winkt Susanne Selin ab, aber stimmt dann doch dem Vorschlag zu, sich informieren zu lassen. «Wenn Ihnen das nicht gefällt, können Sie noch immer nein sagen», beruhigt man sie auf dem Polizeirevier.

So kommt sie zum Täter-Opfer-Ausgleichs-Projekt und schildert dort ihre Vorbehalte, daß sie eigentlich keine Zeit habe, mitten im Examen stecke und nicht noch dazu beitragen wolle, daß der Täter straffrei ausgehe. Ein Mitarbeiter erklärt ihr, daß sie auch ein Strafverfahren Zeit kosten werde, sich ihr aber der Täter bei einem direkten Vermittlungsgespräch, anders als im Gerichtssaal, stellen müsse. Susanne Selin wird klar, daß auf ihre Fragen, was dieser Mann eigentlich wollte, ob er sie zufällig traf oder gewollt, ob ihr noch etwas drohe von ihm, nur einer wirklich Antwort geben kann – der Mann selbst.

So begegnen sie sich wieder. Ewald Blatz, der dieselbe Lederjacke trägt wie am Abend der Tat, sitzt niedergedrückt in dem grellbunten Sofa an der Wand, den Blick auf seine Schuhe. Susanne Selin mustert ihn aus ihrem Sessel von schräg gegenüber, und der Vermittler fragt, wer den Anfang machen wolle.

Stockend beginnt der Täter, daß er als furchtbar empfindet, was er ihr angetan hat, und er sich schon selber ausgemalt hat, wie es ihr wohl gehe. Er könne sich nicht mehr erinnern, was passiert sei. «Ich habe nur sieben Kurze getrunken», sagt er, «das haut mich doch sonst nicht um.» Irgend jemand müsse ihm etwas hineingemischt haben.

«Das ist mir völlig egal», fährt ihm Susanne Selin ins Wort, «ich hätte tot sein können. Dann hätte auf meinem Grabstein gestanden, leider verstorben, weil der Täter nicht wußte, was er tut. Das ist dieses typische Machogehabe der Männer, die erst saufen und dann für nichts verantwortlich sein wollen.» Sie erzählt von ihrer Tochter und daß sie immer befürchtet, sie könnte von einem Betrunkenen überfahren werden. Nun läßt sie ihre Fragen auf den Mann prasseln, ob er häufiger sturzbesoffen sei und sich an nichts mehr erinnern könne, ob er womöglich am Stammtisch davon prahle.

Nein, erwidert der Täter, er habe keinem davon erzählt, er habe noch nie einen Filmriß gehabt, er stehe zu seiner Schuld und daß er dafür büßen müsse. Ewald Blatz schildert, daß er mit einer Frau und deren vier Kindern aus ihrer früheren Ehe zusammenlebt, die in die Brüche ging, weil der Ex-Mann seiner Freundin im Zorn mit Blumentöpfen nach ihr warf. Wenn er ihr sein Verhalten beichten würde, sorgt er sich, würde sie auch ihn zum Teufel jagen. Ob er ihre Kinder auch schlage, will Susanne Selin wissen. Nein, versichert er ihr.

Es erregt ihren Zorn, daß er ihr sagt, er laufe nicht mit einem Klappmesser in der Tasche herum «wie die Türken». Die meisten Verbrechen, meint sie, «sind immer noch die von wohlsituierten deutschen Männern, die ihre Frauen verkloppen. Und das zählt gar nicht unter Verbrechen.» Als er ihr widerspricht, faucht sie zurück: «Sie müssen sich nicht einbilden, daß Sie um irgend etwas besser sind als irgendwer.» Ihr ist eine Genugtuung, den Täter jetzt schwach zu erleben.

Es erscheint ihr absurd, aber offenbar hatte dieser Mann an

dem Abend der Tat nichts Böses vor. Als er sie angriff, muß er die Orientierung verloren haben, in maßloser Furcht, nicht mehr nach Hause zu finden. Und doch soll er nun ihre Wut spüren und begreifen, daß nicht nur sie, sondern auch er Glück gehabt hat, daß die Situation nicht weiter eskaliert ist. Als sich das Gespräch zwischen Vorwürfen und Eingeständnissen im Kreis dreht, spricht der Vermittler das Thema Schmerzensgeld an und erläutert, wie ein Gericht in einem ähnlichen Konflikt darüber entscheiden würde.

Täter und Opfer einigen sich auf 1000 Mark Schmerzensgeld. Das Bußgeld, das Blatz darüber hinaus zu zahlen hat, soll an einen Verein für mißbrauchte Mädchen und Frauen gehen. Ewald Blatz verspricht, gleich am nächsten Tag zur Bank zu gehen. Susanne Selin betrachtet den Mann in dem bunten Sofa, der schüchtern wirkt und unsicher und der ihr nicht mehr wie ein Gespenst erscheint. Blatz ist froh, daß es für ihn vorbei ist.

Irgendwie ging es doch ganz flüssig und zügig vonstatten, das Gespräch mit der Frau. Ich habe da eher mit gerechnet, daß sich jeder erst mal in seine Ecke hinsetzt.
Das ist das Gute für ein Opfer, daß man dem Täter das Gespräch aufzwingt. Der kann sich nicht verdrücken. Das werden sicherlich viele Täter auch als sehr unangenehm empfinden. Ich glaube aber, das ist es, worauf es ankommt. Ich habe ihm wirklich richtig ordentlich einen erzählt.
Unwohl war mir gewesen, als die Schilderung darauf kam, was ich da gemacht habe mit der Frau. Weil ich ja überhaupt keine Ahnung habe, wie das zustande kommen konnte und alles.
Ich habe ihn schon angeguckt, aber er konnte mir nicht in die Augen sehen. Er war ganz ernst. Ich habe sogar gelächelt. Es war natürlich auch eine blöde Situation. Ist ganz klar so, daß ich in der moralisch besseren Situation war.
So bin ich nicht vorbestraft. Wird im großen und ganzen ein-

gestellt, das Verfahren. Ich finde besser, daß man das so schnell und außergerichtlich abwickeln kann, bevor man ein Gerichtsverfahren eingeht, das sich ja erst mal in die Länge zieht.

Ich konnte dem Täter meine Meinung sagen, und ich fühlte mich wohler als umringt von der Öffentlichkeit im Gerichtssaal.

Schnell, unbürokratisch, für beide ist das dann ruck, zuck erledigt, das Ganze.

Wichtig ist, eine solche Situation zu nutzen, weil sie auch eine Chance birgt für das Opfer. Mir ist etwas zugestoßen, daran muß ich arbeiten. Das ist einfach meine Aufgabe, und es wird nie ganz vorbei sein. Das gehört jetzt zu meinem Leben und ist in meiner Verantwortung.

Versöhnung zwischen Täter und Opfer

Wie Vermittler beide Seiten
an einen Tisch bringen

In der Bundesrepublik vermitteln mehr als 230 Beratungsstellen zwischen Täter und Opfer, um einen Schadensersatz für die Geschädigten auszuhandeln, und vor allem, um eine Versöhnung zu erreichen. Darin liegt eine große Chance für das Opfer. Davon ist die Studentin Susanne Selin überzeugt, die sich – nach anfänglichem Widerwillen – mit dem Mann aussprach, der sie überfallen hatte. Die Begegnung im geschützten Rahmen eines Täter-Opfer-Ausgleichs-Projekts machte nichts ungeschehen, beruhigte aber ihre Ängste und Phantasien. «Ich konnte dem Täter meine Meinung sagen, und ich fühlte mich wohler als umringt von der Öffentlichkeit im Gerichtssaal.»

Wenn auch der Täter im offenen Gespräch schildern kann, was seine Beweggründe waren, und erfährt, was das Opfer erlitten hat, kann eine Annäherung gelingen, vielleicht sogar, daß beide Seiten Frieden miteinander schließen. Dieser Gedanke ist uralt und doch seit Jahrhunderten aus dem Strafrecht verbannt. Erst Mitte der achtziger Jahre erprobten Modellprojekte in Bielefeld, Braunschweig, Köln, Reutlingen und München den Täter-Opfer-Ausgleich als Alternative zur Strafe, zunächst allein mit Jugendlichen.

Aus den wissenschaftlich begleiteten Modellprojekten wurden anerkannte Einrichtungen. Allesamt verfolgen sie den Grundgedanken, im Dialog zwischen Täter und Opfer einen Schadensersatz auszuhandeln, vor allem aber, im Gespräch zu einem wirklichen Ausgleich zwischen beiden zu gelangen.

Die meisten Einrichtungen für den Täter-Opfer-Ausgleich beschäftigen sich allein mit Jugendstrafsachen. Denn während es im Erwachsenenrecht vor allem um Schuld und Sühne geht, ist im Jugendstrafrecht der erzieherische Gedanke verankert. Viele Projekte sind den Jugendgerichtshilfen angegliedert und stehen so allerdings im Zwiespalt, einerseits Täter zu betreuen, andererseits Neutralität beweisen zu müssen. Es müsse zumindest innerhalb des Teams eine klare Rollenteilung geben, fordert Thomas Trenczek von der Deutschen Vereinigung für Jugendgerichte und Jugendgerichtshilfen (DVJJ). «Wer als Betreuungs- oder Bewährungshelfer arbeitet, kann nicht zugleich Konfliktschlichter sein.»

Gegründet 1992, ist «Die Waage Hannover» das bundesweit erste Modellprojekt für erwachsene Täter und Opfer, das auch wissenschaftlich begleitet wurde. Die praktische Arbeit wird bezahlt vom niedersächsischen Justizministerium und getragen von einem gemeinnützigen Verein. Dessen Vorsitzender ist ein Jurist, und im Vorstand sind nahezu alle Berufsgruppen des Strafrechts vertreten – vom Oberstaatsanwalt über Pädagogen und Gefängnissozialarbeiter bis zum Polizisten.

Als Vermittler arbeiten drei Pädagoginnen und Pädagogen, die nach längerer Berufserfahrung eine einjährige, berufsbegleitende Zusatzausbildung als Konfliktberater absolvierten. Sie haben sich Techniken der Gesprächsführung, Methoden der Konfliktschlichtung und Grundkenntnisse von Straf- und Zivilrecht angeeignet und sind geschult in der Zusammenarbeit mit Staatsanwälten, Rechtsanwälten und Richtern. Auch wenn Pädagogen und Juristen aus verschiedenen Welten kommen, gelingt die Zusammenarbeit. Sonderdezernenten der Staatsanwaltschaft überweisen dem Projekt jene Verfahren, in denen eine Schlichtung aussichtsreich erscheint. Seltener unterbrechen Richter bereits laufende Verfahren, um eine außergerichtliche Klärung möglich zu machen.

Nach Erfahrung der Vermittler eignet sich nicht jeder Fall dafür. So ist ein Schlichtungsgespräch mit einem anonymen Geschädigten wie dem Vertreter eines bestohlenen Kaufhauses nicht sinnvoll – wohl aber beispielsweise mit dem geschlagenen Kaufhausdetektiv. Die Arbeit der Hannoveraner hat Erfolg: Bei rund 60 Prozent der zugewiesenen Verfahren willigen beide Seiten darin ein, eine Vermittlung zu versuchen. In den übrigen Fällen ist der Beschuldigte nicht zu erreichen, bestreitet die Tat oder will sich der Konfrontation mit dem Opfer nicht aussetzen. Etwa ebenso häufig lehnen die Geschädigten ein Gespräch ab. Treffen beide Seiten erst einmal zusammen, scheitert in Hannover nur jeder 20. Vermittlungsversuch.

Entscheidende Voraussetzung ist die Freiwilligkeit – sowohl Täter wie Opfer müssen davon überzeugt sein, daß der Täter-Opfer-Ausgleich für sie die richtige Form ist, nämlich nicht bloß eine Bewährungshilfe für den Täter, sondern auch ein Forum für das Opfer. Der Täter muß zu der Tat stehen und bereit sein, sie wiedergutzumachen. Dabei sind die Grenzen allerdings fließend. So werden auch Fälle überwiesen, in denen der Beschuldigte bislang geschwiegen hat – der schuldbewußte, reuige Täter ist eher der Idealfall. Häufig erklären die Beschuldigten, «daß da was war», und versuchen zu verharmlosen, während erst im Klärungsgespräch das Tatgeschehen im ganzen Umfang deutlich wird. Manche Täter können durchaus plausibel erklären, wie es zu der Tat kam, berichtet ein Vermittler, wenn sich das Opfer beispielsweise selber gewalttätig oder provokant verhalten habe. «Manchmal ist nicht ganz eindeutig zu sagen, wer Täter ist und wer Opfer.»

Abends an einer Baustelle: Carl Rieck, unterwegs auf einem Mofa, wird vom Fernlicht eines Autos geblendet. Der ältere Herr hält an und beleidigt den Mann am Steuer, den Italiener Stefano Menighini, als «Kanaken». Menighini steigt aus, und der

Alte beschimpft ihn weiter. Da schlägt der Italiener zu und überfährt Riecks Mofa. Carl Rieck ist am Auge schwer verletzt. Zehn Tage lang muß er im Krankenhaus bleiben und wird für ein Vierteljahr krank geschrieben. Er erstattet Strafantrag. Menighini wird der Führerschein entzogen, beide Seiten beauftragen Rechtsanwälte. Die Staatsanwaltschaft überweist den Fall der Waage. Der Vermittler schreibt Täter und Opfer einen Brief und kündigt seinen Anruf an. Ein paar Tage später lädt er sie telefonisch zunächst einzeln zu Vorgesprächen ein. Erst danach kommen sie zum gemeinsamen Vermittlungsgespräch in die Beratungsstelle. Die Begrüßung verläuft eisig, sie geben sich nicht die Hand.

Zunächst berichtet Menighini, daß er sein Autolicht aufgeblendet hatte, weil er als Ausfahrer eines Pizza-Bringdienstes die Straßenschilder lesen wollte. Er war abgespannt und an diesem Tag schon einmal beleidigt worden. Um so mehr habe ihn der alte Mann gekränkt. Dabei spielt er seine eigene Verantwortung nicht herunter. Rieck schildert nun seine Ängste. Er vermutet, daß der Täter von einem anderen Italiener, mit dem es in seiner Firma großen Ärger gegeben hatte, gedungen sei. Menighini beruhigt ihn, daß er diesen Mann nicht kenne, daß er kein Schläger sei und Frau und Familie habe.

Noch immer mögen sich Menighini und Rieck nicht in die Augen sehen, sprechen stets den Vermittler an. Der bittet sie, sich direkt anzureden, was den beiden schließlich gelingt. Er lenkt das Gespräch auf den entstandenen Schaden. Rieck erzählt von seinen großen Schmerzen, dem Verdienstausfall und daß sein Mofa nur noch Schrott ist. Menighini ist sichtlich betroffen und sagt, er habe bereits gegrübelt, wie er den Schaden wiedergutmachen könne. Der Dialog wird entspannter, hin und wieder verfallen beide ins Du, Rieck nennt Menighini «Kollege».

Der Italiener bietet dem Älteren an, ein neues Mofa zu kaufen. Rieck ist beschämt, weil seines vier Jahre alt ist, doch Menighini erwidert, «nein, es soll schon ein neues Mofa sein!» Beide lachen.

Der Vermittler hält die Einigung schriftlich fest, und am nächsten Tag treffen sich die einstigen Kontrahenten in einem Stehcafé. Gemeinsam gehen sie in ein Geschäft, wo sich Rieck ein Mofa aussucht und Menighini bezahlt. Später erhält Carl Rieck ein Schmerzensgeld ausbezahlt, und er erklärt, daß er an einer weiteren Strafverfolgung nicht mehr interessiert sei. Daraufhin stimmen die Rechtsanwälte dem Vergleich zu, der zuständige Staatsanwalt stellt das Strafverfahren ein, und Menighini erhält seinen Führerschein zurück.

Oft, berichtet Vermittler Christian Richter, ist es nach den ersten Vorgesprächen noch völlig unklar, wie sich die Konfliktparteien jemals einigen könnten. «Dann aber kommen sie auf Lösungen, die wir nie vorzuschlagen gewagt hätten.»

Die Konflikte, die bei der Waage geschlichtet werden, haben keinen gemeinsamen sozialen Nenner. Da gibt es den randalierenden Alkoholiker wie die prügelnden Geschäftsleute. Die Mehrzahl der bislang verhandelten rund 800 Delikte sind Körperverletzungen, jeweils rund ein Zehntel Sachbeschädigung und Beleidigung, gefolgt von Bedrohung, Betrug und Diebstahl. Selbst bei Straftaten wie Mord und Totschlag hat die Einrichtung bereits vermittelt, um zumindest Racheakte von der Familie des Getöteten zu verhindern. Kaum eine Rolle spielen dagegen Taten mit sexuellem Hintergrund, bisher waren allenfalls sexueller Telefonterror und Exhibitionismus Thema in der Beratung. Schwere Verbrechen wie Vergewaltigung scheinen für den Täter-Opfer-Ausgleich ungeeignet. Offenbar wird hier das Opfer zu intim verletzt, als daß eine Vermittlung möglich wäre. Doch wenn die Betroffenen dies wünschen, können auch sie sich an die Einrichtung wenden.

Kritiker hadern, der Täter ziehe sich mit dem Griff ins eigene Portemonnaie zu einfach aus der Affäre. Tatsächlich aber ist weniger die Höhe der Wiedergutmachung entscheidend als die Einsicht des Täters. Nur wenn er zu seiner Schuld steht, gelingt die Vermittlung, sonst machen die Opfer nicht mit. Wenn der

Täter sich freikaufen will, kann er es einfacher haben – indem er seinen Anwalt bittet, mit der Gegenseite ein Schmerzensgeld auszuhandeln. Im direkten Gespräch aber muß er sich dem Leid des Opfers aussetzen. Er kann die Tat nicht mehr bagatellisieren nach dem Motto, war wohl nicht so schlimm, und bestimmt zahlt die Versicherung.

«Manche Täter», erläutert Christian Richter, «wirken bei dieser Begegnung sehr niedergedrückt. Im Gerichtssaal wären sie besser abgeschirmt.» Daß es um Verantwortung und nicht einen billigen Ausstieg aus dem Strafverfahren geht, belegt das Beispiel eines portugiesischen Restaurantbesitzers, der mit den Beamten des örtlichen Gesundheitsamtes aneinandergerät. Nachdem die Beamten aufgrund von hygienischen Mängeln die Küche des Lokals schließen, beschimpft sie der Wirt als «Nazi-Verbrecher» und handelt sich eine Anzeige wegen Beleidigung ein.

Ein Vierteljahr später überweist die Staatsanwaltschaft den Fall an die Vermittler. Der Restaurantbesitzer will eine außergerichtliche Einigung versuchen, und auch die beiden Beamten erklären sich bereit, falls der Beschuldigte tausend Mark an ein Kinderheim zahle. Die Kontrahenten und der Vermittler treffen sich zum gemeinsamen Gespräch in dem Kinderheim, das die Zahlung erhalten soll. Der Portugiese schildert, wie es zu der Entgleisung kam. Die Schließung seiner Küche «war eine Katastrophe für mich». Er lebe schon seit Jahren problemlos in Deutschland, und die geplante Schließung seines Lokals habe ihn maßlos aufgeregt.

Einer der Beamten erwidert, er habe Verständnis für die Überreaktion, doch lasse er sich nicht beleidigen. Deswegen solle der Beschuldigte «als Denkzettel» die tausend Mark zahlen. Der Vermittler wendet ein, die Summe sei vergleichsweise hoch. Doch der Gastwirt will über den Betrag gar nicht sprechen. Er besteht aber darauf, daß die Beamten lediglich erfahren sollen, daß er gezahlt hat, aber nicht, in welcher Höhe. Der Vermittler verspricht zu kontrollieren, ob ein Betrag in angemessener Höhe fließt. Unter dieser Bedingung sind die Beamten einverstanden. Daraufhin überweist der Beschuldigte dem Kinderheim das Doppelte der verlangten Summe, und er legt noch etwas drauf. Den Heimkindern spendiert er einen Monat lang an jedem Wochenende Eis. «Sein Wutausbruch tat ihm leid», erinnert sich der Vermittler, «aber er wollte dies in freier Entscheidung wiedergutmachen. Das war für ihn eine Sache der Ehre.»

Die Vermittler, auch Mediatoren genannt, versuchen, sich neutral zu verhalten und die Interessen von Tätern und Opfern gleich zu gewichten. Ihr Ziel ist nicht allein, die Täter vor der Strafe zu bewahren, sondern auch den Opfern zu ermöglichen, ihre Fragen zu stellen und ihre Interessen durchzusetzen. Um diese Balance zu halten, werden die Vermittler durch einen Supervisor begleitet.

Die Täter-Opfer-Ausgleichs-Projekte arbeiten mit Staatsanwälten und Richtern zusammen und bekommen von diesen einen Großteil der Fälle überwiesen, doch pochen sie auf ihre Unabhängigkeit. So verstehen sich die Vermittler nicht als verlängerter Arm der Ermittlungsbehörden, dürfen also beispielsweise keine Einzelheiten aus ihren Schlichtungsgesprächen weitergeben. Wenn sich Täter oder Opfer selber melden, ohne daß es eine Anzeige gegeben hat, können die Vermittler den außergerichtlichen Vergleich anstreben und müssen nicht, wie etwa Polizeibeamte, ein Verbrechen von sich aus verfolgen.

Besonders bei Straftaten, denen ein lange schwelender Streit vorausging, kann der Täter-Opfer-Ausgleich seine Stärke entfalten. Wenn beispielsweise verfeindete Nachbarn mit Hilfe der Vermittler auf die Ursachen ihres Konflikts gestoßen sind, finden sie häufig neue Strategien, um miteinander in Frieden zu leben. Bislang allerdings sind die Vorbehalte vieler Staatsanwälte und Richter gegen das Verfahren noch groß. Die Überweisung eines Konflikts an den Täter-Opfer-Ausgleich scheint zunächst mehr Arbeit zu machen als die rasche Entscheidung. Ein solcher Fall hält die Juristen in ihrer Routine auf, und sie müssen darüber erneut befinden – falls eine Einigung mißlingt und doch noch ein Verfahren einzuleiten ist. Auch wenn sich Täter und Opfer geeinigt haben, liegt es letztlich beim Staatsanwalt oder Richter, das Verfahren abzuschließen. Doch eine erfolgreiche Vermittlung erspart einen Prozeß durch manchmal mehrere Instanzen. In keinem der rund 500 geschlichteten Fälle der «Waage Hannover» kam es hinterher zu einem Einspruch. Gelingt die Vermittlung, ist sie von Dauer.

Täter und Opfer entwickeln Verständnis füreinander, begünstigt durch den Umstand, daß sie, meist drei Monate nach der Tat, etwas Abstand gewonnen haben. Der Täter, der seine eigene Situation darstellen kann, erscheint dem Opfer nicht mehr als Ungeheuer. Meist sind die Betroffenen danach gut gestimmt, manche sogar euphorisch, berichtet ein Vermittler. Die Mediatoren haben daher darauf zu achten, daß niemand aus seiner spontanen Erleichterung heraus einer Vereinbarung zustimmt, die er später bereuen würde – und dies gelingt offensichtlich. Als unabhängige Wissenschaftler in Hannover sowohl Täter und Opfer sechs Wochen nach dem Schlichtungsgespräch befragten, äußerten sich beide Seiten durchweg zufrieden mit dessen Ergebnis.

Meist werden Geldzahlungen ausgehandelt, manche Fälle werden mit einer Entschuldigung, einem Geschenk oder einer Arbeitsleistung des Täters beigelegt. Die letzte wichtige Phase im Vermittlungsgespräch beginnt, nachdem die Details des Schadensersatzes ausgehandelt sind. Dann lassen die hannoverschen Vermittler die Kontrahenten allein, um im Nebenzimmer die Einigungsvereinbarung zu tippen. Dabei kommt es oft zu einer weiteren Annäherung, fallen Sätze wie, «wir hätten es nicht so weit kommen lassen sollen, man hätte sich auch gleich einigen können».

Bei Straftaten mit geringerer Schuld stellt die Justiz das Verfahren ein, wenn sich Täter und Opfer verständigt haben und der Geschädigte ausdrücklich erklärt, auf eine Strafverfolgung zu verzichten. Bei schwereren Delikten kann die Einstellung etwa mit einem Bußgeld gekoppelt werden, oder es kommt trotzdem zu einem Gerichtsverfahren, in dem der Ausgleich allerdings in der Regel die Strafe mindert. Meist signalisiert der Staatsanwalt vor der Vermittlung, mit welchen Folgen der Täter nach einer gütlichen Einigung zu rechnen hat.

Auch wenn der Täter mittellos ist, muß eine Entschädigung des Opfers nicht scheitern. Eine Reihe von Vermittlungsprojekten haben dafür Rücklagen gebildet, sogenannte Opferfonds. Daraus kann der Täter ein zinsloses Darlehen erhalten, um das Opfer sofort zu entschädigen. In Hannover hat man bereits rund hundert solcher Darlehen vergeben. Zur Überraschung von Kreditexperten ist die Zahlungsmoral der Schuldner außergewöhnlich gut, nur zweimal wurden Mahnverfahren eingeleitet. Sind Täter nicht imstande, ihren Kredit abzutragen, können sie auch gemeinnützige Arbeiten etwa im Zoo oder im Altenheim leisten, deren Erlös in den Opferfonds fließt.

Noch ist die außergerichtliche Schlichtung zwischen Straftätern und Geschädigten die Ausnahme. Nicht einmal jedes hundertste Verfahren geht in den Täter-Opfer-Ausgleich – und damit nur ein Bruchteil der Fälle, die dafür geeignet wären. Häufig überweisen Staatsanwaltschaften vor allem jene Fälle, in denen hinter der Straftat Familienprobleme offenkundig werden, die mit den Mitteln des Strafrechts nicht zu lösen sind. Bei der Gewalt innerhalb von Beziehungen stoßen allerdings auch die Mediatoren an die Grenzen ihrer Möglichkeiten, weil Täter und Opfer oft viel zu eng miteinander verknüpft sind, als daß eine Versöhnung noch möglich wäre. Häufig aber können die Vermittler zumindest weitere Gewalttaten verhindern – wie in dem folgenden Beispiel.

Der arbeitslose Zimmermann Günther Müller schlägt seiner gehbehinderten Mutter mit der Faust ins Gesicht und würgt sie. Der Fünfzigjährige ist Alkoholiker. Er liegt mit seiner Mutter schon lange im Streit und wird immer wieder gewalttätig. Die fünfundsiebzigjährige Emma Müller schämt sich vor Bekannten und ihrer Familie und mag darüber nicht reden. Weil ihr Sohn in der Nachbarschaft lebt, ist sie nun in ständiger Angst. Eine Pflegerin überredet sie zu einer Anzeige.

Der zuständige Staatsanwalt schaltet die Vermittler ein, obwohl ihm die massive Körperverletzung, die seiner Einschätzung nach an versuchten Totschlag grenzt, dafür beinahe als zu schwerwiegend erscheint. Sollte eine Vermittlung mißlingen, hält er eine halbjährige Haftstrafe auf Bewährung und eine Geldbuße für angemessen. Auch bei einer Einigung will er auf der Geldstrafe bestehen.

Der Vermittler besucht die verletzte Dame in ihrer Wohnung. Emma Müller wirkt sehr niedergeschlagen. Ihr Sohn, sagt sie, trinke seit vielen Jahren. Während er zu einer Entziehungskur fort war, enterbte sie ihn zugunsten ihrer Tochter. Das löste den letzten Streit aus. Ihre Pflegerin, erzählt die alte Dame, habe sie zur Anzeige gedrängt. Ihr selber sei es mittlerweile gleichgültig, ob sie geschlagen werde. «Ich bete sowieso jeden Abend zum Herrn und bitte darum, daß ich am Morgen nicht mehr aufwache.» Am liebsten will Emma Müller die Sache auf sich beruhen lassen. Doch der Vermittler ermutigt sie, den Konflikt auszutragen, um eine weitere Eskalation abzuwenden.

Günther Müller antwortet auf das erste Schreiben des Vermittlers nicht. Das Erinnerungsschreiben geht mit Durchschrift auch an seinen Rechtsanwalt. Der Anwalt meldet sich daraufhin, erkundigt sich nach der Arbeitsweise des Täter-Opfer-Ausgleichs und empfiehlt seinem Mandanten, sich darauf einzulassen. Müller kommt nun in die Beratungsstelle und schildert dem Vermittler in einem anderthalbstündigen Gespräch die Wurzeln des Konflikts.

Er war noch ein Kind, als sein Vater starb. Der Mutter mußte er nun den Mann ersetzen, sie ging mit ihm auch tanzen. Aber nie sei er gut genug für sie gewesen, klagt er, sie schlug ihn noch, als er bereits 25 Jahre alt war. Stets stand er im Schatten seiner jüngeren Schwester. «Ich mußte immer alles machen, und die Kleine wurde verhätschelt.» Er begann zu trinken, unterzog sich Alkoholtherapien und blieb für ein paar Jahre trocken, verfiel dann wieder der Sucht. Während seiner vorerst letzten Entziehungskur schöpfte er Hoffnung, sein Leben neu zu ordnen. Da erfuhr er, daß seine Mutter sein Erbe der Schwester überschrieben habe. Diese Enttäuschung konnte er nicht verkraften, und so kam es zu dem Gewaltausbruch.

Der Vermittler hört zu, fragt nach und ermutigt Günther Müller zu einer Therapie. In den folgenden Wochen führt der Vermittler eine Reihe von Einzelgesprächen mit der Mutter und ihrem Sohn. Zu einem gemeinsamen Treffen kommt es nicht. Eine solche indirekte Vermittlung ist besonders aufwendig. Doch weil der alten Frau angst und bange ist und ihr Sohn voller Groll, scheint die Aussprache unmöglich. Müller sucht sich eine neue Wohnung, beginnt eine Therapie und findet nach längerer Arbeitslosigkeit einen Arbeitgeber, der von seiner Alkoholsucht weiß, ihm aber eine Heilung zutraut. Der zuständige Staatsanwalt verlängert die sonst übliche sechswöchige Einigungsfrist. Günther Müller bricht den Kontakt zur Mutter ab. Die zerstörte Beziehung zu ihr will er in der Therapie bearbeiten. Emma Müller verzichtet auf eine Strafverfolgung, «das soll jetzt abgeschlossen werden». Eine Versöhnung ist zwar nicht erreicht, doch weitere Gewalttätigkeiten sind kaum noch zu erwarten.

Der Wunsch von Tätern nach Therapie und Gesprächskreisen offenbart sich den Vermittlern als groß. Wenn es Gewalttätern einmal gelungen ist, Verantwortung für ihr Handeln zu übernehmen, nicht aus unmittelbarem Zwang heraus, sondern in freier Entscheidung, sehen viele erstmals eine Chance, diesen Weg fortzusetzen. Je hilfreicher sie den Vermittler dabei erlebt haben, desto stärker ist der Wunsch, von ihm weiter unterstützt zu werden – zumal Beratungsstellen für therapiewillige Gewalttäter wie die Hamburger Initiative «Männer gegen Männer-Gewalt» noch rar sind. Doch um ihre Neutralität zwischen Tätern und Opfern nicht zu gefährden, dürfen die Mediatoren nicht einen der Betroffenen therapieren und damit parteilich werden. Daher müssen sie an andere Einrichtungen weiterverweisen.

Für den Täter-Opfer-Ausgleich ist bedeutsam, daß hinter ihm die drohende Strafe für den Täter steht. Der Beschuldigte muß zwar aus eigener Entscheidung die Versöhnung mit dem Geschädigten suchen – doch wenn er dabei nicht auch das Interesse hätte, sich Straffreiheit oder Strafminderung zu verschaffen, wären viele Vermittlungen wohl nicht gelungen. Dies widerspricht nicht dem Gedanken der Versöhnung. Es ist im Sinne der Opfer, wenn die Täter einen starken Grund sehen, zum Recht zurückzukehren.

Serviceteil

16 Fragen und Antworten

Viele Verbrechensopfer fühlen sich mit ihren Fragen allein gelassen. Ihre häufigsten sind hier beantwortet – beachten Sie dazu auch den folgenden Rechtsratgeber.

1) Ist es wichtig, über die Tat zu sprechen?

Ja. Es mag im ersten Moment wichtiger erscheinen, etwa für die eigene Sicherheit zu sorgen. Doch um so früher Sie mit Menschen Ihres Vertrauens über die Tat sprechen können, um so besser.

2) Mit wem kann ich über die Tat sprechen?

Suchen Sie Menschen, die Ihnen zuhören können, ohne voreilig zu beschwichtigen, zu erklären oder womöglich Ihnen eine Mitschuld zuzuweisen. Es sind nicht unbedingt die engsten Angehörigen, mit denen solch ein Gespräch möglich ist. Freunde oder Unbeteiligte können sich möglicherweise Ihren Ängsten eher stellen als nahestehende Menschen, die damit überfordert sind, weil damit auch ihr eigener Alltag Risse bekommt. Nach besonders belastenden Erfahrungen ist es sinnvoll, professionellen Rat zu suchen bei spezialisierten Psychologen oder Mitarbeiterinnen von Opferberatungsstellen (siehe im Adreßteil). Diese Hilfe kann auch für Angehörige wichtig sein.

3) Stimmt mit mir etwas nicht, daß ich Opfer geworden bin?

Straftaten treffen Menschen jeden Alters, Arme und Reiche, Männer und Frauen, Großstädter und Dorfbewohner. Verbrechensopfer fragen sich oft intensiv, ob sie selber Mitschuld tragen, weil ihre Umgebung mit Unverständnis reagiert. Und sind sie nicht auch weit und breit die einzigen Opfer? Dieser Eindruck trügt. Jährlich werden bundesweit 180 000 Menschen Opfer von Gewalttaten, doch nur wenige sprechen offen darüber.

4) Warum glaubt man mir nicht?

Wenn Ihnen die Polizei mit Skepsis begegnet, kann das an mangelndem Einfühlungsvermögen der Beamten liegen oder schlicht daran, daß Ihre Aussage Lücken hat und daher zunächst nicht plausibel erscheint. Wenn Polizisten darauf hinweisen, daß die Vortäuschung einer Straftat oder eine falsche Verdächtigung rechtswidrig seien, tun sie dies routinemäßig. Sie müssen sich neutral verhalten und dürfen nicht nur zu Lasten des Beschuldigten ermitteln, sondern müssen auch Zweifeln an dessen Schuld folgen.

Familie und Freunde könnten Ihnen Mißtrauen entgegenbringen, weil Verbrechen meist außerhalb der eigenen Alltagserfahrung liegen. Vielleicht auch, weil sich die eigene Angst rührt – nach der Devise, was nicht sein darf, kann nicht sein.

Wenn man Ihnen im Gerichtssaal nicht glaubt, liegt das häufig an der überholten Konstruktion unserer Gerichtsverfahren. Opfer sind juristisch gesehen ein «Beweismittel» wie ein Fingerabdruck oder eine Blutspur und werden oft entsprechend sachlich, manchmal geringschätzig behandelt.

Wenn der Verteidiger des Täters Ihre Aussage in Zweifel zieht, hängt dies oft weniger mit Unglaube zusammen, sondern gehört zu seiner Strategie, an Ihrer Glaubwürdigkeit zu rütteln, um seinen Mandanten zu entlasten. Das Unverständnis von Richtern und Staatsanwälten mag auch daran liegen, daß sie kaum selber Opfer einer Gewalttat wurden und sich selten mit den Erfahrungen der Betroffenen gründlich auseinandergesetzt haben.

5) Was kann ich von Familie und Freunden erwarten?

Ihre engsten Angehörigen und Freunde sollten erfahren, was Ihnen passiert ist. Sonst könnten sie Ihre Reaktionen auf die Tat, wenn Sie sich beispielsweise danach einigeln, als gegen sie gerichtet mißverstehen. Allerdings fällt es gerade den Menschen im nahen Umkreis oft schwerer als Außenstehenden, die Ängste von Verbrechensopfern zu teilen und zu besprechen. Dabei ist nicht allein das intensive, einfühlsame Gespräch wichtig. Ebenso kann es für die Betroffenen sinnvoll sein, wenn sie jemand zur Polizei, zum Gericht oder zu Beratungsstellen begleitet. Menschen, die sich nach einer Gewalttat nur noch ungern in der Öffentlichkeit bewegen, hilft es, wenn man gemeinsam mit ihnen einkaufen oder spazieren geht.

6) Was können Angehörige tun?

Die größte Hilfe ist, den Opfern zuzuhören, ihre Wut und ihre Tränen zu ertragen. Es ist keinesfalls nötig, sofort Lösungen zu präsentieren. Dabei sind die Angehörigen von Verbrechensopfern in einer schwierigen Situation – auch sie begegnen dem Verlust von Normalität und sind oft nachhaltig verunsichert. Zugleich erwartet das Opfer Unterstützung. Angehörige sollten dabei sehr genau darauf achten, wieviel Unterstützung sie leisten können und was sie empfinden. Wenn sie sich überfordert fühlen, sollten sie dies offen aussprechen – es ist besser, ehrlich einzugestehen, daß sie im Moment nicht zuhören können, als sich stillschweigend abzuwenden oder zu beschwichtigen. Ein Ausweg kann sein, gemeinsam nach einer Entlastung durch Dritte zu suchen, beispielsweise bei einer Opferberatungsstelle (siehe Adreßteil).

7) Was kann ich tun, wenn keiner hören will, was passiert ist?

Wenn Reaktionen Ihrer Zuhörer Sie verletzen, sprechen Sie das aus. Vielfach geschieht dies nicht aus bösem Willen, sondern aus Unkenntnis oder unbewußter Abwehr gegen das Grauen. Möglicherweise versuchen Menschen, Sie zu trösten, wenn sie etwa sagen, «das ist doch nicht so schlimm». Wenn dies auf Sie verharmlosend wirkt, teilen Sie dies mit. Vielleicht müssen Sie feststellen, daß Menschen, mit denen Sie sprechen wollten, zu diesem Gespräch nicht fähig sind. Suchen Sie in diesem Fall andere Gesprächspartner, beispielsweise Mitarbeiter von Opferberatungsstellen (siehe Adreßteil).

8) Ich bin verletzt und trotzdem nicht wütend. Wie kann das sein?

Wer beispielsweise von einem Fremden unter Waffengewalt gezwungen wird, sein Geld herauszugeben, kann sich in diesem Moment nicht wehren, denn das wäre lebensgefährlich. Oft ist es dann später nicht einfach möglich, diese Aggression zurückzugewinnen, als müsse man dafür bloß einen Schalter umstellen.

9) Ich reagiere merkwürdig – bin ich noch normal?

Viele Kriminalitätsopfer verhalten sich nach der Tat in einer Weise, die anderen verrückt erscheint. Sie schrecken schon beim geringsten Geräusch zusammen oder müssen sich immer wieder erbrechen. Sie putzen nach einem Einbruch die Wohnung bis in den letzten Winkel oder weisen selbst gute Freunde ab. Dabei haben sie bis zur Tat völlig zufrieden gelebt. Ihre Reaktionen spiegeln die Verunsicherung wider und sollten als Signal ernst genommen und nicht belächelt werden. Angst beispielsweise ist wichtig, sie kann lebensrettend sein. Unnormal ist nicht die Reaktion, sondern die Tat.

Möglicherweise rührt die Verbrechenserfahrung auch an ältere, verdrängte Erlebnisse von Gewalt und Hilflosigkeit. In diesem Fall kann der Versuch sinnvoll sein, sie in Zusammenarbeit mit einem erfahrenen Berater oder einer Therapeutin zu bewältigen.

10) Wohin soll ich mit meinen Rachephantasien?

Rachegefühle gegenüber dem Täter sind eine gesunde Abwehrreaktion. Viele Opfer verbieten sich solche Empfindungen oder lenken sie in eine Aggression gegen sich selbst oder andere. Wichtig aber ist, die Wut auf den Täter anzunehmen – was keinesfalls heißt, Selbstjustiz auszuüben. Für manche ist es hilfreich, in Gedanken an den Täter Holz zu hacken, durch den Wald zu laufen oder gegen den Wind zu schreien. Aggressionsübungen im Rahmen einer Therapie ermöglichen, der Wut auf den Grund zu gehen.

11) Welche Art von Beratung oder Therapie ist sinnvoll für mich?

Zunächst sollten Betroffene die Hilfe ihrer Familien und Freunde oder von Vertrauenspersonen in der Nähe suchen. Falls sich dies als nicht ausreichend erweist, erkundigen Sie sich nach Beraterinnen oder Psychologen, die mit dem Leid von Verbrechensopfern Erfahrungen gesammelt haben. Posttraumatische Belastungsstörungen, wie sie unter dem amerikanischen Kürzel PTSD (Posttraumatic Stress Disorder) beschrieben sind, sollten ihnen geläufig sein. Entscheiden Sie selber, was Ziel der Beratung oder Therapie ist. Vereinbaren Sie ein Probegespräch, und achten Sie darauf, ob Sie sich in der von Ihnen aufgesuchten Praxis verstanden fühlen. Leider gehen Psychologen auch bei Menschen, die akut unter einem Verbrechen leiden, viel zu häufig nach Schema F vor und widmen sich routinemäßig zunächst der Kindheit ihrer Klienten – auch wenn Verbrechensopfer vor allem über die Folgen der Tat sprechen wollen. Wenn Sie sich nicht aufgehoben fühlen, sollten Sie dies ansprechen und eventuell die Behandlung in einer anderen Praxis weiterführen.

12) Was bedeutet die Straftat für die Angehörigen des Opfers?

Die Partner erleben die Furcht und die Unruhe des Opfers meist hautnah mit. Sie sind dabei, wenn das Opfer aus Alpträumen erwacht oder aus scheinbar unerfindlichen Gründen Panikattacken erlebt. Sie sind davon betroffen, wenn Gewaltopfer wortkarg werden, sich zurückziehen, keine Berührung mehr zulassen oder wenn sie weniger Verantwortung für die Familie tragen können als bisher, wenn sie krank werden. Dabei kennen die Angehörigen den Schrecken nur aus zweiter Hand und können die rätselhaften Veränderungen des Opfers nur zum Teil begreifen. So werden die Angehörigen zu mittelbaren Opfern der Straftat – viele Beratungsstellen beziehen sie daher in ihre Arbeit ein.

13) Wird die Angst wieder abnehmen?

Ja, wenn die akute Bedrohung beendet ist und Sie möglichst bald nach der Tat mit Menschen Ihres Vertrauens darüber sprechen können. Dies bedeutet allerdings, sich der Angst erneut zu stellen, um genauer zu begreifen, was Ihnen geschehen ist und wie diese Verletzung wirkt. Wenn Sie versuchen, das Schreckliche zu begraben, ohne es zu bewältigen, kehrt das Verdrängte immer wieder, etwa in Alpträumen, in Ihr Leben zurück.

Oft gelingt es, in kleinen Schritten die Normalität zurückzugewinnen – beispielsweise nach einem Überfall zunächst Spaziergänge nur in Begleitung zu machen, dann kurze Wege allein, um den Radius allmählich wieder auszuweiten.

14) Werden Opfer krank?

Wenn es nicht gelingt, die Furcht vor dem Täter, den Ekel, den Zorn zu überwinden wie auch die Entfremdung von der Umwelt, welche die extreme Erfahrung des Opfers nicht teilt und vielleicht nicht versteht, kann es zu Seelenleiden kommen. Psychologen sprechen von der Posttraumatischen Belastungsstörung (PTSD) – einem Bündel aus Beschwerden wie Schlafstörungen, Unruhe, sozialem Rückzug und Depressivität.

Wenn diese Beschwerden anhalten und dennoch nicht behandelt werden, kann es in der Folge auch zu körperlichen Leiden kommen wie Magenschmerzen, Schwindelgefühlen, Asthma, ebenso zu Störungen des sexuellen Empfindens und zu Suchterkrankungen. Um so wichtiger ist es, sich möglichst rasch nach der Tat Gehör und Beistand zu verschaffen.

15) Kann mir das wieder passieren?

Kriminalität ist das Restrisiko unseres Lebens, über das wir ungern nachdenken. Vielleicht lebt ein Mensch, der hinter Stahltüren und vergitterten Fenstern wohnt und kaum aus dem Haus geht, sicherer als jemand, der sich dem Alltag stellt. Doch solche nahezu absolute Sicherheit ist mit einer weitgehenden Einbuße der Lebensqualität verbunden. Lassen Sie sich beraten, wo Sie mit vernünftigen Schritten sicherer werden. Kriminalpolizeiliche Beratungsstellen geben Auskunft darüber, wie Sie Ihre Wohnung oder sich selber besser schützen können. Sportvereine bieten Selbstverteidigungskurse an, manche Beratungsstellen organisieren Trainings zur besseren Selbstbehauptung.

16) Erfahren andere, daß ich Opfer geworden bin?

Wenn Sie eine Strafanzeige erstatten, wird in der Regel ein Verfahren eingeleitet, und Ihr Name wird den übrigen Prozeßbeteiligten, auch dem Täter, bekannt. Wenn es zu einem Gerichtsverfahren kommt, wird Ihr Name im Gericht ausgehängt (bis auf Verfahren, in denen besonderer Opferschutz herrscht, etwa bei Gefahr für Leib und Leben). Unabhängige Opferberatungsstellen oder Projekte zum Täter-Opfer-Ausgleich bewahren Schweigepflicht, sie geben die Namen der Opfer, die sie aufsuchen, nicht weiter.

Rechtsratgeber

Soll ich eine Anzeige erstatten?

Wenn Sie Opfer einer Straftat wurden, aber unsicher sind, ob Sie Anzeige erstatten wollen, ist es dennoch ratsam, Ihren Schaden sofort zu dokumentieren – indem Sie einen Arzt aufsuchen, um Verletzungen zu attestieren, die aufgebrochene Wohnung fotografieren, Namen von Zeugen notieren. So halten Sie sich die Entscheidung offen. Sprechen Sie darüber mit einer Person Ihres Vertrauens, etwa bei einer Opferberatungsstelle. Sie können sich Rat auch bei der Polizei holen, beachten Sie dabei allerdings: Sobald ein Polizeibeamter von einer Straftat erfährt, muß er ermitteln, auch wenn Sie dies nicht wünschen. Dies liegt an seiner Bindung an das Legalitätsprinzip, wie Juristen sagen.

Alternativen zur Anzeige: Über Vertraute oder eine Einrichtung für den Täter-Opfer-Ausgleich können Sie versuchen, zu einer außergerichtlichen Konfliktschlichtung mit dem Täter zu kommen.

Was geschieht nach einer Anzeige?

Mit einer Anzeige bei der Polizei oder bei der Staatsanwaltschaft beginnt ein strafrechtliches Verfahren gegen den Angeschuldigten. Zunächst wird ein Protokoll gemacht. Bestimmte Taten wie Diebstahl geringwertiger Güter, Diebstahl innerhalb der Familie, Bedrohung, Beleidigung und einfache Körperverletzung werden allerdings in der Regel nur verfolgt, wenn der Geschädigte innerhalb von drei Monaten einen Strafantrag stellt. Hier ist es später möglich, den Strafantrag wieder zurückzuziehen. Schwerwiegende Delikte wie Raub oder versuchter Totschlag werden von Amts wegen verfolgt – hier bedarf es keines Strafantrags des Geschädigten und werden Polizei und Staatsanwaltschaft auch gegen den Willen des Opfers tätig, sobald sie Kenntnis von der Tat erlangen.

Was muß ich nach der Tat tun, um meine Ansprüche durchzusetzen?

Eine Straftat, die von Amts wegen nicht verfolgt wird, beispielsweise Diebstahl einer geringwertigen Sache, müssen Sie innerhalb von einem Vierteljahr anzeigen, andernfalls ist eine spätere Strafverfolgung nur in Ausnahmefällen möglich.

Wenn Sie Ansprüche nach dem Opferentschädigungsgesetz anmelden wollen, ist es sinnvoll, die Anzeige bei der Polizei oder Staatsanwaltschaft möglichst sofort nach der Tat zu erstatten. Andernfalls wird Ihnen vorgehalten, Sie hätten nicht genügend zur Aufklärung der Tat unternommen. Wenn Sie einen Antrag auf staatliche Entschädigung für die sozialen und finanziellen Folgen der Tat stellen wollen, können Sie dies beim örtlichen Versorgungsamt innerhalb eines Jahres nach der Tat tun (siehe dazu Opferentschädigungsgesetz im Anhang).

Was kann ein Rechtsanwalt für mich tun?

Ein Rechtsanwalt kann Sie eingehend beraten, wie die Chancen stehen, zu Ihrem Recht zu kommen, welche Verfahrensschritte möglich sind und was sie für Sie bedeuten. Er kann sich Akteneinsicht verschaffen und so ein Bild von den Ermittlungen machen.

Wichtig ist, daß Sie sich über Ihre persönlichen Ziele klarwerden und diese gegenüber Ihrem Anwalt deutlich äußern. Geht es Ihnen vor allem um eine Strafverfolgung, eine Klärung des Tatgeschehens, den Dialog mit dem Täter oder um eine finanzielle Wiedergutmachung? Je genauer Sie Ihr Anliegen bestimmen, desto eher kann der Anwalt sagen, ob er Ihnen mit juristischen Mitteln überhaupt helfen kann.

Was kostet ein Anwalt?

Schon mit der ersten Rechtsberatung bei einem Anwalt kommen Kosten auf Sie zu. In vielen Fällen übernimmt die Opferhilfsorganisation Weißer Ring die Kosten des ersten Termins. Das müssen Sie beantragen, bevor Sie einen Anwalt aufsuchen (siehe Adreßteil). Ansonsten ist dafür mit Gebühren über rund 250 Mark und mehr zu rechnen, für die anwaltliche Vertretung im Gerichtssaal täglich rund 600 Mark und mehr.

Geringverdiener können Prozeßkostenhilfe beantragen. Möglicherweise können Sie eine Rechtsschutzversicherung in Anspruch nehmen, in keinem Fall aber übernimmt sie die Kosten einer Nebenklage. Wenn der Angeklagte verurteilt wird, hat er in der Regel Ihre sämtlichen Anwaltskosten zu tragen. Allerdings müssen Sie diese Kosten, beispielsweise als Nebenkläger, zunächst selber auslegen und auf eigenes Risiko vom Angeklagten zurückfordern, ein gerade bei inhaftierten Tätern meist aussichtsloses Unterfangen.

Welche sind meine Rechte und Pflichten bei Zeugenaussagen?

Als Opfer sind Sie stets auch Zeuge eines Geschehens. Das heißt, Sie müssen zunächst bei der Polizei erscheinen und aussagen. Tun Sie dies nicht, wird Sie der Staatsanwalt laden. Die Staatsanwaltschaft kann Ihr Erscheinen durchsetzen mit Mitteln bis hin zur Erzwingungshaft. Auch vor Gericht haben Zeugen die Pflicht, zu erscheinen und auszusagen. Für alle diese Aussagen gilt die Pflicht, die Wahrheit zu sagen. Strafbar ist allerdings nur die bewußte Falschaussage, nicht der Irrtum.

Grundsätzlich ist es möglich, sich zu den Vernehmungen bei Polizei und Staatsanwaltschaft von einem Vertrauten begleiten zu lassen, allerdings nur, falls die Beamten einverstanden sind. Wird ein Rechtsanwalt beauftragt, hat er nach Paragraph 406f der Strafprozeßordnung das Recht, bei den Vernehmungen durch das Gericht oder die Staatsanwaltschaft dabeizusein.

Die gerichtliche Hauptverhandlung ist im Erwachsenenstrafrecht öffentlich, hier können Sie sich in jedem Fall begleiten lassen. Ob allerdings gestattet wird, daß jemand Sie in den Zeugenstand begleitet, liegt im Ermessen des Vorsitzenden.

Die Aussage zu verweigern ist Zeugen nur gestattet, falls sie sich selbst, nahe Verwandte, Ehepartner oder Verlobte belasten könnten oder soweit sie von Berufs wegen, beispielsweise als Ärzte oder Pastoren, ein Zeugnisverweigerungsrecht haben.

Wenn ich bei der Polizei ausgesagt habe, muß ich dies vor Gericht erneut tun?

In der Regel ja. Opferzeugen hoffen zwar oft, daß sie es mit der Vernehmung bei der Polizei hinter sich haben, zumal sich deren Protokolle in den Gerichtsakten befinden. Aber es gilt das Prinzip der Mündlichkeit der Verhandlung. Also werden die geladenen Zeugen vor Gericht nochmals dazu befragt, was sie in Erinnerung haben. Erst dann wird manchmal aus den Vernehmungsprotokollen verlesen, um den Zeugen eine Gedächtnisstütze zu geben.

Was erfährt der Täter von mir?

Wenn Sie eine Anzeige erstattet haben, kann der Rechtsanwalt des Täters Einsicht in die Ermittlungsakten verlangen. Darin ist die Aussage des Opfers zur Tat und in aller Regel auch seine Adresse zu finden. Der Anwalt muß darauf achten, daß sein Mandant die Anschrift des Opfers nicht erhält. Im Alltag gehen Anwälte damit allerdings oft lax um.

Werde ich dem Täter im Gericht begegnen?

Wenn der Beschuldigte nicht inhaftiert ist, darf er sich auch während des Verfahrens frei bewegen. Wenn Sie diese Situation als bedrohlich empfinden, sprechen Sie vorher darüber mit Menschen Ihres Vertrauens, mit Ihrem Rechtsanwalt oder mit dem Staatsanwalt. Lassen Sie sich zum Prozeß begleiten. Erkundigen Sie sich, ob das Gericht ein Zeugenzimmer eingerichtet hat, wo sich Zeugen aufhalten können und betreut werden.

Müssen sich Zeugen auf eine Begegnung mit dem Täter im Gerichtssaal einlassen, auch wenn sie große Angst vor ihm haben?

Das Gericht kann laut Paragraph 247 der Strafprozeßordnung anordnen, «daß sich der Angeklagte während einer Vernehmung aus dem Sitzungszimmer entfernt, wenn zu befürchten ist, ein Mitangeklagter oder ein Zeuge werde bei seiner Vernehmung in Gegenwart des Angeklagten die Wahrheit nicht sagen. Das gleiche gilt, wenn bei der Vernehmung einer Person unter sechzehn Jahren als Zeuge in Gegenwart des Angeklagten ein erheblicher Nachteil für das Wohl des Zeugen zu befürchten ist oder wenn bei einer Vernehmung einer anderen Person als Zeuge in Gegenwart des Angeklagten ein erheblicher Nachteil für ihre Gesundheit besteht.» Der Ausschluß des Angeklagten ist ein sehr weitreichender Eingriff in seine Rechte und geschieht selten, z. B. bei Verfahren wegen Kindesmißbrauchs oder des organisierten Verbrechens.

Muß ich eine Bedrohung durch den Täter befürchten?

Wenn Täter und Opfer nicht unter einem Dach leben, ist die Bedrohung des Opfers die absolute Ausnahme. Sobald eine Straftat angezeigt ist, riskiert der Täter, der sein Opfer daraufhin unter Druck setzt, eine Inhaftierung wegen Verdunkelungsgefahr und weitere Strafverfolgung wegen Nötigung. Falls er es doch tut, empfiehlt sich, sofort die Polizei, einen Anwalt oder andere Vertrauenspersonen einzuschalten. Wenn Sie vor Ihrer Aussage vor Gericht bedroht wurden, beispielsweise im Gerichtsflur, teilen Sie dies dem Vorsitzenden Richter gleich mit.

Müssen Zeugen im Gerichtsverfahren ihre Adresse angeben?

Diese Frage ist im Paragraphen 68 der Strafprozeßordnung geregelt: «Besteht Anlaß zu der Besorgnis, daß durch die Angabe des Wohnorts der Zeuge oder eine andere Person gefährdet wird, so kann dem Zeugen gestattet werden, statt des Wohnortes seinen Geschäfts- oder Dienstort oder eine andere ladungsfähige Anschrift anzugeben.» Dies kann beispielsweise die Adresse des Anwaltes sein. Ob so verfahren wird, liegt im Ermessen des Richters, er sollte vor der Verhandlung informiert werden.

Kann ich dem Täter Fragen stellen?

Dieses Recht haben Sie vor Gericht nur, wenn Sie Nebenklage erheben (siehe unten). Selbst dann können Sie nur Fragen stellen, die aus juristischer Sicht erheblich erscheinen, um die Persönlichkeit des Täters und die Umstände der Tat zu erhellen. Ein offenes Gespräch ist im Erwachsenenstrafrecht unmöglich, zumal der Täter weiß, daß seine Aussagen das Strafmaß beeinflussen werden.

Wenn Sie dem Täter Fragen, die Sie bewegen, stellen und in einen Dialog treten wollen und sich der Täter dazu bereit zeigt, ist der Täter-Opfer-Ausgleich eine sehr viel bessere Möglichkeit als das Gerichtsverfahren.

Kann der Täter mir Fragen stellen?

Alle Prozeßbeteiligten, also nicht nur Richter, Beisitzer und Schöffen, sondern auch Staatsanwalt, Verteidiger und der Angeklagte selbst dürfen dem Zeugen Fragen stellen. In der Regel nimmt der Verteidiger dieses Recht für den Angeklagten wahr, doch der Beschuldigte kann auch selbst seine Fragen an das Opfer richten. Das Opfer im Zeugenstand muß diese Fragen wahrheitsgemäß beantworten – eine eigenartige und belastende Situation.

Müssen sich Zeugen vor Gericht verletzende Fragen gefallen lassen?

Im Paragraphen 68 a der Strafprozeßordnung heißt es dazu: «Fragen nach Tatsachen, die dem Zeugen oder einer Person, die im Sinne des § 52 Abs. 1 sein Angehöriger ist, zur Unehre gereichen können oder den persönlichen Lebensbereich betreffen, sollen nur gestellt werden, wenn es unerläßlich ist.» Wenn beispielsweise der Verteidiger des Angeklagten verletzende Fragen an Sie richtet oder Ihnen etwas unterstellt, gehen Sie auf keinen Fall in den Clinch mit ihm. Wenden Sie sich stets an den Vorsitzenden, und fragen Sie, ob Sie diese Frage so beantworten müssen, ob Sie diese Unterstellung hinzunehmen haben. Der Vorsitzende hat eine Fürsorgepflicht für alle Prozeßbeteiligten und muß diese Verantwortung wahrnehmen.

Ist meine Aussage für den Prozeß entscheidend?

Die Aussage des Opfers ist um so wichtiger, je weniger sonstige Zeugen oder Spuren es gibt. Bei Straftaten ohne unbeteiligte Zeugen – häufig bei Delikten gegen die sexuelle Selbstbestimmung – ist die Aussage des Opfers prozeßentscheidend. Bei einer Tat, die von Zeugen glaubwürdig bestätigt oder vom Täter eingeräumt wird, ist die Aussage des Opfers kaum von Bedeutung. Hier wartet der Betroffene häufig stundenlang vor dem Gerichtssaal, um dann zu erfahren, daß man auf seine Zeugenaussage verzichtet.

Was ist eine Nebenklage?

Die Nebenklage eröffnet vor allem Opfern von Gewaltverbrechen die Möglichkeit, die Anklage zu verstärken und ihre eigenen Interessen im Verfahren selbst wahrzunehmen. Nebenkläger haben sehr viel mehr Rechte, als wenn sie als bloße «Opferzeugen» geladen werden. Während Zeugen, die im Verfahren gehört werden sollen, bis zu ihrer Aussage aus dem Gerichtssaal verbannt sind, dürfen Nebenkläger den gesamten Prozeß mitverfolgen, auch wenn sie auf der Zeugenliste stehen.

Nach Paragraph 397 der Strafprozeßordnung haben Nebenkläger auch das Recht, die Gerichtsakten einzusehen, Zeugen und Sachverständige zu laden, Anordnungen des Vorsitzenden zu beanstanden, Beweisanträge zu stellen und ein eigenes Plädoyer zu halten.

Wer kann als Nebenkläger im Gerichtsverfahren auftreten?

Nach Paragraph 395 der Strafprozeßordnung kann sich im Erwachsenenstrafrecht als Nebenkläger «der erhobenen öffentlichen Klage» anschließen, wer Opfer wurde
– einer Straftat gegen die sexuelle Selbstbestimmung, und zwar von sexuellem Mißbrauch (§§ 174, 174a, 174b, 176, 179, 180), Vergewaltigung (§ 177), sexueller Nötigung (§ 178);
– einer Straftat gegen die persönliche Ehre wie Beleidigung, üble Nachrede (§§ 185, 186, 187a) und der Verunglimpfung des Andenkens Verstorbener (§ 189);
– einer Straftat gegen die persönliche Freiheit bzw. körperliche Unversehrtheit wie Aussetzung (§ 221), Körperverletzung (§§ 223, 223a, 224, 225, 229 und 340), Menschenraub (§ 234), Verschleppung (§ 234a), Entführung (§ 237), Freiheitsberaubung mit Mißhandlung (§ 239 Abs. 2), erpresserischem Menschenraub (§ 239a), Geiselnahme (§ 239b), versuchtem Mord (§ 211) oder versuchtem Totschlag (§ 212).

Auch wer Opfer einer fahrlässigen Körperverletzung wurde, kann als Nebenkläger zugelassen werden, wenn dies «aus besonderen Gründen, namentlich wegen der schweren Folgen der Tat, zur Wahrnehmung seiner Interessen geboten erscheint» (beispielsweise bei schweren Verkehrsunfällen).

Als Nebenkläger können auch die Eltern, Kinder, Geschwister und

Ehepartner eines «durch eine rechtswidrige Tat Getöteten» auftreten. Näheres zum Verfahren regelt der Paragraph 396 der Strafprozeßordnung, die Rechte des Nebenklägers sind in Paragraph 397 umrissen.

Kann ich auf einer Strafverfolgung bestehen, auch wenn die Staatsanwaltschaft sie eingestellt hat?

Wenn für bestimmte Straftaten wie Diebstahl, Hausfriedensbruch oder Sachbeschädigung kein besonderes öffentliches Interesse angenommen wird, verhandeln Gerichte darüber nur, wenn der Betroffene Strafantrag stellt und Privatklage erhebt. Der Privatkläger ist so etwas wie ein Staatsanwalt in eigener Sache. Die Rechte des Privatklägers sind in den Paragraphen 374 ff. der Strafprozeßordnung festgehalten. Ein derartiges Verfahren ist unter bestimmten Umständen möglich, aber äußerst selten.

Habe ich ein Recht auf Akteneinsicht?

Verbrechensopfer dürfen nach Paragraph 406 e der Strafprozeßordnung, soweit sie die Bedingungen erfüllen, nach denen sie auch hätten Nebenklage erheben können (siehe oben) oder «ein berechtigtes Interesse» nachweisen, einen Rechtsanwalt mit der Akteneinsicht beauftragen. Dieses Recht kann allerdings umfangreich verweigert werden, beispielsweise, «soweit der Untersuchungszweck gefährdet erscheint».

Erfahre ich, wie der Prozeß ausgeht?

Opfer können beim Gericht formlos beantragen, darüber informiert zu werden. «Dem Verletzten ist auf Antrag der Ausgang des Verfahrens mitzuteilen, soweit es ihn betrifft», heißt es in Paragraph 406 d der Strafprozeßordnung.

Gibt es einen Anreiz für den Täter, den angerichteten Schaden wiedergutzumachen?

Wenn sich der Beschuldigte um einen Ausgleich mit dem Opfer bemüht, kann unter bestimmten Voraussetzungen das Verfahren bereits durch die Staatsanwaltschaft eingestellt werden. Dazu heißt es im Paragraphen 153 a der Strafprozeßordnung: «Mit Zustimmung des für die

Eröffnung des Hauptverfahrens zuständigen Gerichts und des Beschuldigten kann die Staatsanwaltschaft bei einem Vergehen vorläufig von der Erhebung der öffentlichen Klage absehen und zugleich dem Beschuldigten auferlegen,
1. zur Wiedergutmachung des durch die Tat verursachten Schadens eine bestimmte Leistung zu erbringen,
2. einen Geldbetrag zugunsten einer gemeinnützigen Einrichtung oder der Staatskasse zu zahlen,
3. sonst gemeinnützige Leistungen zu erbringen oder
4. Unterhaltspflichten in bestimmter Höhe nachzukommen,
wenn diese Auflagen und Weisungen geeignet sind, das öffentliche Interesse an der Strafverfolgung zu beseitigen, und die Schwere der Schuld nicht entgegensteht.» Auch wenn die Klage bereits erhoben ist, «kann das Gericht mit Zustimmung der Staatsanwaltschaft und des Angeschuldigten das Verfahren bis zum Ende der Hauptverhandlung, in der die tatsächlichen Feststellungen letztmals geprüft werden können, vorläufig einstellen» und zugleich dem Angeschuldigten die oben beschriebenen Auflagen und Weisungen erteilen.

Im Paragraphen 46a des Strafgesetzbuches heißt es:
«Hat der Täter
1. in dem Bemühen, einen Ausgleich mit dem Verletzten zu erreichen (Täter-Opfer-Ausgleich), seine Tat ganz oder zum überwiegenden Teil wiedergutgemacht oder deren Wiedergutmachung ernsthaft erstrebt oder
2. in einem Fall, in welchem die Schadenswiedergutmachung von ihm erhebliche persönliche Leistungen oder persönlichen Verzicht erfordert hat, das Opfer ganz oder zum überwiegenden Teil entschädigt,
so kann das Gericht die Strafe nach §49 Abs. 1 mildern oder, wenn keine höhere Strafe als Freiheitsstrafe bis zu einem Jahr oder Geldstrafe bis zu dreihundertsechzig Tagessätzen verwirkt ist, von Strafe absehen.»

Laut Paragraph 56 des Strafgesetzbuches ist «das Bemühen des Verurteilten, den durch die Tat verursachten Schaden wiedergutzumachen», auch bei der Aussetzung einer Gefängnisstrafe zur Bewährung zu berücksichtigen.

Eine entsprechende Regelung findet sich im Paragraphen 45 des Jugendgerichtsgesetzes: «Einer erzieherischen Maßnahme steht das Bemühen junger Menschen gleich, einen Ausgleich mit dem Verletzten zu erreichen.»

Habe ich als Verbrechensopfer Recht auf Schadensersatz?

Grundsätzlich ja. Im Strafverfahren geht es allerdings allein um die Schuld und Bestrafung des Täters. Um Schadensersatz und Schmerzensgeld für das Opfer geht es hier nicht – dies kann in einem anschließenden zivilrechtlichen Verfahren geschehen, sehr selten auch in einer Verbindung zwischen beiden Prozeßarten, dem sogenannten Adhäsionsverfahren. Nach deutschem Recht kommt das Opfer mit seinen Ansprüchen zuletzt an die Reihe, erst nachdem der Staat beispielsweise ein Bußgeld eingetrieben hat.

Das Verbrechensopfer kann auch Entschädigung vom Staat nach dem Opferentschädigungsgesetz (siehe unten) beantragen. Die Grenzen hierfür sind eng gezogen. Nur die Betroffenen eines «vorsätzlichen, rechtswidrigen tätlichen Angriffs» haben einen Anspruch, und sie müssen ein meist langwieriges und häufig entwürdigendes Verfahren auf sich nehmen.

Eine andere Form, einen Schadensersatz unbürokratisch auszuhandeln, ist der Täter-Opfer-Ausgleich. Hier geht es um eine Wiedergutmachung für das Opfer, erst nachrangig um den Strafanspruch des Staates.

Opferentschädigungsgesetz OEG (Auszüge)

§ 1 Anspruch auf Versorgung
(1) Wer im Geltungsbereich dieses Gesetzes oder auf einem deutschen Schiff oder Luftfahrzeug infolge eines vorsätzlichen, rechtswidrigen tätlichen Angriffs gegen seine oder eine andere Person oder durch dessen rechtmäßige Abwehr eine gesundheitliche Schädigung erlitten hat, erhält wegen der gesundheitlichen und wirtschaftlichen Folgen auf Antrag Versorgung in entsprechender Anwendung der Vorschriften des Bundesversorgungsgesetzes. Die Anwendung dieser Vorschrift wird nicht dadurch ausgeschlossen, daß der Angreifer in der irrtümlichen Annahme von Voraussetzungen eines Rechtfertigungsgrundes gehandelt hat.

(2) Einem tätlichen Angriff im Sinne des Absatzes 1 stehen gleich
1. die vorsätzliche Beibringung von Gift,
2. die wenigstens fahrlässige Herbeiführung einer Gefahr für Leib und Leben eines anderen durch ein mit gemeingefährlichen Mitteln begangenes Verbrechen.

§ 2 Versagungsgründe
(1) Leistungen sind zu versagen, wenn der Geschädigte die Schädigung verursacht hat oder wenn es aus sonstigen, insbesondere in dem eigenen Verhalten des Anspruchstellers liegenden Gründen unbillig wäre, Entschädigung zu gewähren. Leistungen sind auch zu versagen, wenn der Geschädigte oder Antragsteller
1. an politischen Auseinandersetzungen in seinem Heimatstaat aktiv beteiligt ist oder war und die Schädigung darauf beruht oder
2. an kriegerischen Auseinandersetzungen in seinem Heimatstaat aktiv beteiligt ist oder war und Anhaltspunkte dafür vorhanden sind, daß die Schädigung hiermit in Zusammenhang steht, es sei denn, er weist nach, daß dies nicht der Fall ist, oder
3. in die organisierte Kriminalität verwickelt ist oder war oder einer Organisation, die Gewalttaten begeht, angehört oder angehört hat, es sei denn, er weist nach, daß die Schädigung hiermit nicht in Zusammenhang steht.

(2) Leistungen können versagt werden, wenn der Geschädigte es unterlassen hat, das ihm Mögliche zur Aufklärung des Sachverhalts und zur Verfolgung der Täter beizutragen, insbesondere unverzüglich Anzeige bei einer für die Strafverfolgung zuständigen Behörde zu erstatten.

Adressen

Weißer Ring

Der Weiße Ring ist die einzige bundesweite Opferhilfsorganisation. Vor Ort betreuen die ehrenamtlichen Mitarbeiter und Mitarbeiterinnen des Weißen Rings Verbrechensopfer und ihre Angehörigen und helfen beim Umgang mit Behörden. Der Weiße Ring bietet Betroffenen einen Beratungsscheck für die kostenlose Erstberatung bei einem Anwalt freier Wahl und übernimmt in vielen Verfahren auch die weiteren Anwaltskosten sowie finanzielle Hilfen in Notlagen.

Infotelefon (0 18 03) 34 34 34 rund um die Uhr

Bundesgeschäftsstelle
Weberstraße 16, 55130 Mainz
Tel. (0 61 31), 8 30 30, Fax 83 03 45
Sprechzeiten montags bis donnerstags 7.30–17.30 Uhr
und freitags 7.30–15.30 Uhr

Regionalbüros

Baden-Württemberg
Manuela Rosati
Haußmannstraße 6, 70188 Stuttgart
Tel. (07 11) 2 15 51 93, Fax 2 36 08 40

Bayern-Nord
Bärbel Riedel
Carl-Schüller-Straße 11, 95444 Bayreuth
Tel. (09 21) 8 14 01, Fax 8 19 39

Bayern-Süd
Franz Pabst
Buchenweg 6, 86690 Mertingen
Tel. (09006) 12 42, Fax 12 42

Berlin
Evelyn Semrau-Blome
Augustaplatz 7, Haus 14, 12203 Berlin
Tel. (030) 8 33 70 60, Fax 8 33 90 53

Brandenburg
Astrid Mayr
Breitestraße 19, 14467 Potsdam
Tel. (03 31) 29 12 73, Fax 29 25 34

Bremen
Ingrid Schulz
Sögestraße 47–51, 28195 Bremen
Tel. (04 21) 32 32 11, Fax 32 41 80

Hamburg
Ingeborg Müller
Eiffestraße 38, 20537 Hamburg
Tel. (040) 2 51 76 80, Fax 2 50 42 67

Hessen
Elisabeth Siekaup
Mainzer Landstraße 131, 60327 Frankfurt / Main
Tel. (069) 23 35 81, Fax 25 37 78

Mecklenburg-Vorpommern
Marianne Schröder
Schwedenstraße 11, 17033 Neubrandenburg
Tel. (03 95) 5 66 62 37, Fax 5 66 62 37

Niedersachsen
Ulrich Metze
Gretelriede 63, 30419 Hannover
Tel. (05 11) 79 99 97, Fax 75 55 56

Nordrhein-Westfalen / Rheinland
Eva-Maria Eschbach
Josef-Schregel-Straße 44, 52349 Düren
Tel. (02421) 16622, Fax 10299

Nordrhein-Westfalen / Westfalen-Lippe
Brigitte Nicolaus
Karlstraße 21, 59065 Hamm
Tel. (02381) 6945, Fax 6946

Rheinland-Pfalz
Petra Mundt
Weberstraße 16, 55130 Mainz
Tel. (06131) 830329, Fax 830345

Saarland
Monika Bucher
Halbergstraße 44, 66121 Saarbrücken
Tel. (0681) 67319, Fax 638514

Sachsen
Ingrid Heering
Bernsdorfer Straße 88, 09126 Chemnitz
Tel. (0371) 54720, Fax 54720

Sachsen-Anhalt
Irene Ay
Steinweg 54, 06110 Halle
Tel. (0345) 2021769, Fax 2021769

Schleswig-Holstein
Renata Robertson
Brunswiker Straße 50, 24105 Kiel
Tel. (0431) 57677, Fax 565284

Thüringen
Angelika Landmann
Schillerstraße 22, 99096 Erfurt
Tel. (0361) 6438393, Fax 6431056

Opferberatungsstellen

Betroffene von Straftaten, deren Angehörige und Zeugen können sich in den nachfolgend aufgeführten Einrichtungen kostenlos, vertraulich und auf Wunsch auch anonym beraten lassen.

Beratung für Opfer und Zeugen im Land Bremen «bob»
Am Dobben 14/16, 28203 Bremen
Tel. (0421) 320590, Fax 3365659
Sprechzeiten montags bis donnerstags 10–18 Uhr, freitags 10–13 Uhr und nach Vereinbarung

*Opferhilfe – Beratungsstelle für Opfer
von Straftaten in Berlin*
Oldenburger Straße 9, 10551 Berlin
Tel. (030) 3952867 und 3959759
Sprechzeiten montags bis freitags 10–13 Uhr, dienstags und donnerstags auch 15–18 Uhr und nach Vereinbarung

Gießener Hilfe
Ostanlage 16 (Hinterhaus)
35390 Gießen
Tel. (0641) 34044, Fax 390815
Sprechzeiten montags bis freitags 9–12 Uhr, mittwochs 16–18 Uhr und nach Vereinbarung

Opferhilfe – Beratungsstelle
Paul-Nevermann-Platz 2–4, 22765 Hamburg
Tel. (040) 381993, Fax 3895786
Sprechzeiten montags bis freitags 8–13 Uhr, montags bis donnerstags 14–17 Uhr und nach Vereinbarung

Hanauer Hilfe
Salzstraße 11, 63450 Hanau
Tel. (06181) 22026, Fax 24875
Sprechzeiten montags bis freitags 9–12 Uhr, montags und dienstags 15–17 Uhr, donnerstags 17–20 Uhr und nach Vereinbarung

Kasseler Hilfe, Opfer- und Zeugenberatung
Wilhelmshöher Allee 101, 34121 Kassel
Tel. (0561) 282070, Fax 27664

Sprechzeiten montags bis freitags 9–12.30 Uhr, montags, dienstags und donnerstags 13.30–16.30 Uhr und nach Vereinbarung

Ravensburger Hilfe
Hermann Wieland, Richter am Landgericht Ravensburg
Marienplatz 7, Zimmer 266, 88212 Ravensburg
Tel. (0751) 806–2331 und 806–2391, Fax 353555
Sprechzeiten dienstags 9–12 Uhr und nach Vereinbarung

Ehrenamtliches Projekt, begründet von einem Ravensburger Strafrichter und getragen von Rechtsreferendaren, die Opfer, Angehörige und Zeugen am Rande der Gerichtsverhandlungen beraten, zu Polizei und Behörden begleiten und weitervermitteln an Beratungsstellen und psychotherapeutische Hilfe.

Wiesbadener Hilfe
Adelheidstraße 74, 65185 Wiesbaden
Tel. (0611) 3082324 und 3082325, Fax 3082326
Sprechzeiten montags bis freitags 8–12 Uhr, montags, dienstags und donnerstags 14–17 Uhr und nach Vereinbarung

Verschiedene

TÜV Berlin-Brandenburg, Beratung für Opfer von Banküberfällen
Referat Arbeits- und Verkehrspsychologie
Diplompsychologinnen Christina Jänisch und Annegret Mahn
10882 Berlin
Tel. (030) 7562-0, Fax 7562-498

Der TÜV Berlin-Brandenburg hat ein Betreuungsprogramm für Opfer von Banküberfällen entwickelt. In Zusammenarbeit mit Geldinstituten begleiten Psychologinnen die Betroffenen kurz nach dem Überfall und in den Wochen darauf.

Therapeutischer Beistand für Verbrechensopfer
Danach e. V.
Therapiehilfe für Gewaltbetroffene
Postfach 30 12 24, 20305 Hamburg
Tel. (040) 49 77 97
Sprechzeiten dienstags und donnerstags 14–15 Uhr

In dem Hamburger Verein haben sich Ärztinnen und Psychologen zusammengeschlossen, die sich in längerer Berufserfahrung mit den psychischen Folgen von Gewaltverbrechen auseinandergesetzt haben. Nach einer kostenlosen Beratung vermittelt der Verein therapeutischen Beistand für Gewaltopfer in ganz Deutschland. Die Behandlung kann über die Krankenkassen abgerechnet werden.

Behandlungszentrum für Folteropfer
Klinikum Westend, Haus 6
Spandauer Damm 130, 14050 Berlin
Tel. (030) 30 35 –35 91 und –33 09, Fax –34 82
Sprechzeiten montags, mittwochs und donnerstags 9–12 und 14–16 Uhr, dienstags 14–17 Uhr und freitags 9–12 und 14–15 Uhr

Das Behandlungszentrum für Folteropfer ist eine Klinik, die Opfern staatlicher Gewalt medizinische, psychotherapeutische und soziale Hilfe gewährt. Ärztinnen und Ärzte, Psychologen, Physiotherapeuten und Sozialarbeiter gehören zum Team. Das Behandlungszentrum arbeitet eng mit dem Deutschen Roten Kreuz zusammen.

esra
im Jüdischen Krankenhaus
Iranische Straße 2–4, 13347 Berlin
Tel. (030) 491 94 91, Fax 491 96 87
Sprechzeiten montags bis donnerstags 11–17 Uhr

Esra ist das hebräische Wort für Hilfe. Esra ist eine eigenständige Einrichtung in Räumen des Jüdischen Krankenhauses in Berlin, die psychosoziale Betreuung und therapeutische Hilfe organisiert für Überlebende des Holocaust und deren Nachkommen, unabhängig von ihrer Nationalität und ihrem religiösen Hintergrund. Diese Arbeit fußt auf der Erkenntnis, daß das Trauma der Überlebenden bis in die dritte Generation hinein zerstörerisch wirken und krank machen kann.

Instituut voor Psychotrauma
postbus 19071, 3501 DB Utrecht, Niederlande
Tel. (0031 30) 231 5840, Fax 231 6479

Das Utrechter Institut organisiert Krisenhilfe bei Geiselnahmen und Banküberfällen, Bränden und Verkehrsunfällen in den gesamten Niederlanden. Eine Krisenambulanz ist rund um die Uhr erreichbar. Das Institut bietet auch in Deutschland die Fortbildung von Menschen an, die ihrerseits Opfer betreuen.

Betreuung bei Justiz und Polizei

Zeugenbetreuung am Landgericht Aschaffenburg
Erthalstraße 3, 63739 Aschaffenburg
Tel. (06021) 398–315 und 398–353, Fax 398–200
Sprechzeiten nach Vereinbarung

Opferberatung Dessau
Sozialer Dienst der Justiz
Parkstraße 10, 06846 Dessau
Tel. (0340) 2022404
Sprechzeiten dienstags 10–13 Uhr und mittwochs 13–16 Uhr

Das Land Sachsen-Anhalt hat in Dessau, Halberstadt, Halle und Magdeburg Opferberatungsstellen eingerichtet, die bei den Sozialen Diensten der Justiz angegliedert sind und auf Wunsch auch Kontakt zu den Straftätern für einen Täter-Opfer-Ausgleich vermitteln.

Zeugenhilfe bei den Justizbehörden Frankfurt
Hammelsgasse 1, 60313 Frankfurt am Main
Tel. (069) 1367–2636
Sprechzeiten montags bis freitags 7.30–16 Uhr

Opferberatung Halle
Sozialer Dienst der Justiz
Martha-Brautzsch-Straße 17, 06108 Halle
Tel. (0345) 212035 50/60
Sprechzeiten dienstags und mittwochs 9–12 und 15–18 Uhr

Opferberatung Halberstadt
Sozialer Dienst der Justiz
Quedlinburger Straße 38, 38820 Halberstadt
Tel. (03941) 600070/71/72
Sprechzeiten dienstags 10–13 Uhr und mittwochs 13–16 Uhr

Zeugenzimmer in Hamburg
Strafjustizgebäude Zimmer 270, 1. Stock
Sievekingplatz 3, 20355 Hamburg
Tel. (040) 3497–3899
Sprechzeiten nach Vereinbarung

Präventionsprogramm Polizei/Sozialarbeiter (PPS)
Beratung und Hilfe für Menschen in Krisen
Gartenallee 14, 30449 Hannover
Tel. (0511) 457413 und 446096
Sprechzeiten montags bis freitags 8–22 Uhr, samstags und sonntags 16–1 Uhr

Die Sozialarbeiter und Sozialarbeiterinnen beraten vor allem bei Gewalt in der Familie, Ängsten und Suchtproblemen mit dem Ziel, Krisen zu lösen oder zu lindern, eine Zuspitzung zu vermeiden und eine längerfristige Betreuung zu vermitteln. Obwohl das PPS eine Dienststelle der Polizeidirektion Hannover ist, arbeitet das Team unabhängig und unterliegt der gesetzlichen Schweigepflicht, ist nur anzeigepflichtig bei geplanten Verbrechen.

Zeugenbetreuung am Landgericht Ingolstadt
Auf der Schanz 37, 85049 Ingolstadt
Tel. (0841) 312–203, Fax 312–240
Sprechzeiten montags bis donnerstags 9–15.30 Uhr, freitags 9–12 Uhr

Zeugenbetreuung am Landgericht Limburg/Lahn
Schiede 14, 65549 Limburg
Tel. (06431) 2908–116
Sprechzeiten während der Gerichtsverhandlungen

Opferberatung Magdeburg
Sozialer Dienst der Justiz
Klewitzstraße 4, 39112 Magdeburg
Tel. (0391) 5675080/81/82
Sprechzeiten dienstags 14–18 Uhr und donnerstags 9–12 Uhr

Opferschutzprojekt bei der Staatsanwaltschaft Lübeck
Travemünder Allee 9, 23568 Lübeck
Tel. (04 51) 371–12 17 und 371–13 53
Sprechzeiten nach Vereinbarung

Dieses bundesweit einzige Opferschutzprojekt einer Staatsanwaltschaft hat sich dem Ziel verschrieben, daß die Justiz Opfer und betroffene Tatzeugen als «in ihren Menschen- und Grundrechten verletzte Mitmenschen» behandelt. Dazu begleitet das Lübecker Team die Betroffenen sowie deren Angehörige zur Gerichtsverhandlung, informiert über den Stand des Verfahrens sowie weitergehende Hilfsangebote und hat nach dem Ermessen der zuständigen Dezernenten auch Akteneinsicht. In einem eigenen Zeugenzimmer können sich Opfer- und Tatzeugen während der Verhandlung aufhalten.

Zeugenbetreuung am Landgericht und Amtsgericht Magdeburg
Halberstädter Straße 8, 39112 Magdeburg
Tel. (03 91) 606–21 51
Sprechzeiten nach Vereinbarung

Zeugenbetreuung am Landgericht Rostock
August-Bebel-Straße 15–20, 18055 Rostock
Tel. (03 81) 24 12 87
Sprechzeiten dienstags, mittwochs und donnerstags 9–13 Uhr und nach Vereinbarung

Zeugenbetreuung am Landgericht Traunstein
Herzog-Otto-Straße 1, 83278 Traunstein
Tel. (08 61) 56–299 und 56–3 57, Fax 56–400
Sprechzeiten nach Vereinbarung

Täter-Opfer-Ausgleich

Nachfolgend eine Auswahl von Projekten, die entweder eigenständig oder als Zweig anderer Einrichtungen die Versöhnung von Verbrechensopfern und erwachsenen Tätern begleiten.

Hilfe zur Selbsthilfe e. V.
Schulstraße 34, 63741 Aschaffenburg
Tel. (06021) 41 19 50
Sprechzeiten montags 9–12 Uhr, dienstags 11–15 Uhr, donnerstags 14–16 Uhr

Projekt Dialog
Soziale Dienste der Justiz
Schönstedtstraße 5, 13357 Berlin
Tel. (030) 46001–277 und –258 und –271
Sprechzeiten montags 13–15 Uhr, dienstags 15–19 Uhr, donnerstags 9–13 Uhr

Vermittlungsstelle für Opfer und Täter
Soziale Dienste der Justiz
Berner Straße 7, 14772 Brandenburg
Tel. (03381) 760529
Sprechzeiten montags 14–18 Uhr, dienstags 13–18 Uhr und donnerstags 10–16 Uhr

Täter-Opfer-Ausgleich im Gustav-Heinemann-Bürgerhaus
Kirchheide 49, 28757 Bremen
Tel. (0421) 666460, 663800 und 650805
Sprechzeiten montags 16.30–17.30 Uhr und nach telefonischer Vereinbarung

Vermittlungsstelle für Opfer und Täter
Soziale Dienste der Justiz
Bautzener Straße 20, 03050 Cottbus
Tel. (0355) 478130
Sprechzeiten dienstags 10–18 Uhr, mittwochs 13–18 Uhr und donnerstags 10–13 Uhr

Konfliktschlichtungsstelle
Sozialer Dienst der Justiz beim Landgericht Dresden
Strehlener Straße 14, 01069 Dresden
Tel. (0351) 4657–590
Sprechzeiten dienstags 9–12 und 15–18 Uhr, donnerstags 9–12 Uhr und nach Vereinbarung

Gerichtshilfe Staatsanwaltschaft Flensburg
Friedrichstraße 2, 24937 Flensburg
Tel. (0461) 89–379
Sprechzeiten montags bis freitags 8.30–12.30 Uhr

Vermittlungsstelle Täter-Opfer-Ausgleich
Evangelischer Regionalverband Frankfurt am Main
Kurt-Schumacher-Straße 23, 60311 Frankfurt am Main
Tel. (069) 2165-0
Sprechzeiten montags bis freitags 8.30–13 Uhr,
montags, dienstags und donnerstags 13–18 Uhr

Vermittlungsstelle für Opfer und Täter
Soziale Dienste der Justiz
Tränkeweg 13, 15517 Fürstenwalde
Tel. (03361) 300403
Sprechzeiten dienstags 9–12 Uhr und donnerstags 14–18 Uhr

Täter-Opfer-Ausgleich der Gerichtshilfe Hamburg
Dammtorwall 11, 20354 Hamburg
Tel. (040) 3497–3177 und 3497–3258, Fax 3497–4290
Sprechzeiten montags bis freitags 9–15 Uhr

Die Waage Hannover e. V.
Lärchenstraße 3, 30161 Hannover
Tel. (0511) 3883558, Fax 3482586
Sprechzeiten montags 13–20 Uhr, dienstags und freitags 9–13 Uhr,
donnerstags 13–17.30 Uhr und nach Vereinbarung

Täter-Opfer-Ausgleich
Gerichtshilfe im Bezirk der Staatsanwaltschaft Itzehoe
Feldschmiedekamp 4, 25524 Itzehoe
Tel. (04821) 647142, Fax 647222
Sprechzeiten montags 9–12 Uhr, mittwochs 14–16 Uhr

Täter-Opfer-Ausgleich
Christophorushaus
Gartenstraße 53, 76133 Karlsruhe
Tel. (0721) 853076, Fax 848099, Sprechzeiten nach Vereinbarung

Gerichtshilfe
Staatsanwaltschaft Kiel
Schützenwall 31–35, 24114 Kiel
Tel. (0431) 604–3238 und –3808
Sprechzeiten Jessica Hochmann (–3808) dienstags 9–12 Uhr,
Stefan Thier (–3238) donnerstags 9–12 Uhr und nach Vereinbarung

Vermittlungsstelle für Opfer und Täter
Soziale Dienste der Justiz
Cottbuser Straße 53b, 15711 Königs Wusterhausen
Tel. (03375) 294708
Sprechzeiten dienstags 9–12 und 13–18 Uhr

*Ausgleichs- und Konfliktschlichtungsstelle
bei der Staatsanwaltschaft Lübeck*
Travemünder Allee 9, 23568 Lübeck
Tel. (0451) 371–1138
Sprechzeiten dienstags 9–11.30 und 13–16 Uhr und nach Vereinbarung

*Konfliktschlichtungsstelle
Rechtsfürsorge e. V. Resohilfe*
Geniner Straße 84, 23560 Lübeck
Tel. (0451) 57932, Fax 7991915
Sprechzeiten montags bis freitags 9–13 Uhr

Vermittlungsstelle für Opfer und Täter
Soziale Dienste der Justiz
Rudolf-Breitscheid-Straße 160, 14943 Luckenwalde
Tel. (03371) 611316
Sprechzeiten nach Vereinbarung

Vermittlungsstelle für Opfer und Täter
Soziale Dienste der Justiz
Fehrbelliner Straße 139, 16816 Neuruppin
Tel. (03391) 503314
Sprechzeiten dienstags 9–12 und 14–18 Uhr, donnerstags 10–13 und 15–19 Uhr

Konflikthilfe Marburg
Krummbogen 2, 35039 Marburg
Tel. (06421) 681388, Fax 681377
Sprechzeiten montags bis freitags 10–16 Uhr und nach Vereinbarung

Vermittlungsstelle für Opfer und Täter
Soziale Dienste der Justiz
Steinstraße 5, 16816 Neuruppin
Tel. (03391) 358728
Sprechzeiten nach Vereinbarung

Konfliktschlichtung e. V.
Huntestraße 22, 26135 Oldenburg
Tel. (0441) 27293
Sprechzeiten montags 16–18 Uhr, dienstags und donnerstags 10–12 Uhr,
mittwochs 18–20 Uhr und nach Vereinbarung

Vermittlungsstelle für Opfer und Täter
Soziale Dienste der Justiz
Bötzower Platz 1, 16515 Oranienburg
Tel. (03301) 56478/9
Sprechzeiten dienstags 9–13 und 14–18 Uhr

Vermittlungsstelle für Opfer und Täter
Soziale Dienste der Justiz
Heinrich-Mann-Allee 103, Haus 52, 14473 Potsdam
Tel. (0331) 864752, Fax 864753
Sprechzeiten montags 12–15 Uhr, dienstags 16–19 Uhr, donnerstags 9–12
und 15–19 Uhr und nach Vereinbarung. Kann weitere Vermittlungsstellen
im Land Brandenburg nennen

Vermittlungsstelle für Opfer und Täter
Soziale Dienste der Justiz
Jüdenstraße 19, 16303 Schwedt
Tel. (03332) 26690
Sprechzeiten dienstags 14–18 Uhr und freitags 9–12 Uhr

Vermittlungsstelle für Opfer und Täter
Soziale Dienste der Justiz
Schillerstraße «Lausitzhalle», 01968 Senftenberg
Tel. (03573) 794877
Sprechzeiten dienstags 13–18 Uhr und freitags 9–12 Uhr

Gerichtshilfe bei der Staatsanwaltschaft Tübingen
Charlottenstraße 19, 72070 Tübingen
Tel. (07071) 2002826, –67, –59, Fax 2002660
Sprechzeiten nach Vereinbarung

Dank

Mein Dank gilt den Verbrechensopfern, die in mehrstündigen Interviews ihre Geschichte erzählt und sich dem Schrecken der Tat damit ein weiteres Mal gestellt haben. Ihre Namen wurden geändert.

Mit wertvollen Hinweisen und Informationen unterstützten mich Danielle Hermans von der Beratung für Opfer und Zeugen im Land Bremen (bob), Dr. Hartmut Pfeiffer, Geschäftsführer der Deutschen Vereinigung für Jugendgerichte und Jugendgerichtshilfen, Helmut Rüster, Sprecher des Weißen Rings, Harald Mondon-Kuhn von der Hanauer Hilfe, Dr. Michael Baurmann vom Bundeskriminalamt, Prof. Dr. Christian Pfeiffer, Direktor des Kriminologischen Forschungsinstituts Niedersachsen, Gerda Rose-Guddusch vom Zeugenzimmer Hamburg, Christian Richter vom Täter-Opfer-Ausgleichs-Projekt Die Waage in Hannover, Dr. Carlo Mittendorff, Direktor des Utrechter Instituuts voor Psychotrauma, die Psychologinnen Gisela Bobzin vom Verein «Danach» und Annegret Mahn vom TÜV Berlin-Brandenburg und viele weitere Fachleute bei Beratungsstellen und Behörden.

Ich bedanke mich bei Sabine Ehrhardt, Michael Hollenbach, Ulrike Popp und Dagmar Herzog, die mich im Medienbüro Hannover unterstützten, bei der Lektorin Barbara Wenner, die dieses Vorhaben von Anfang an förderte und begleitete, und bei Astrid Eggert für ihre Anregungen und ihre Geduld.

Wolfgang Schmidbauer

Wolfgang Schmidbauer, geboren 1941 in München, studierte Psychologie und promovierte 1968 über «Mythos und Psychologie». Tätigkeit als freier Schriftsteller in Deutschland und Italien. Ausbildung zum Psychoanalytiker. Gründung eines Instituts für analytische Gruppendynamik.

Alles oder nichts *Über die Destruktivität von Idealen*
(rororo sachbuch 8393)

Die Angst vor Nähe
208 Seiten. Broschiert

Helfen als Beruf *Die Ware Nächstenliebe*
(rororo sachbuch 9157)

Hilflose Helfer *Über die seelische Problematik der helfenden Berufe*
256 Seiten. Broschiert und als rororo sachbuch 9196

Ist Macht heilbar?
(rororo sachbuch 8329)

Liebeserklärung an die Psychoanalyse
(rororo sachbuch 8839)

Die subjektive Krankheit *Kritik der Psychosomatik*
304 Seiten. Broschiert

Psychologie. Lexikon der Grundbegriffe
(rororo handbuch 6335)

Weniger ist manchmal mehr *Zur Psychologie des Konsumverzichts*
(rororo sachbuch 9110)

«Du verstehst mich nicht» *Die Semantik der Geschlechter*
(zu zweit 9500)

Jetzt haben, später zahlen *Die seelischen Folgen der Konsumgesellschaft*
256 Seiten. Broschiert und als rororo sachbuch 60125

Einsame Freiheit *Therapiegespräche mit Frauen*
256 Seiten. Broschiert

Kein Glück mit Männern *Fallgeschichten zur Nähe-Angst*
(zu zweit 9752)

Die Kentaurin *Die Geschichte einer unge-wöhnlichen Frau. Erzählung*
336 Seiten. Gebunden

Ein Haus in der Toscana *Reisen in ein verlorenes Land*
(rororo 13648)

Eine Kindheit in Niederbayern
(rororo 13226)

Mit dem Moped nach Ravenna *Eine Jugend im Wirtschaftswunder*
(rororo 13259)

rororo sachbuch